JOSÉ MARIA BITTENCOURT

NO REINO DOS
EXUS

6ª edição
4ª reimpressão

PALLAS

Rio de Janeiro
2019

Copyright© 1998
José Maria Bittencourt

Produção editorial
Pallas Editora

Revisão
Hernani de Andrade

Capa
Renato Martins

Todos os direitos reservados à Pallas Editora e Distribuidora Ltda. É vetada a reprodução por qualquer meio mecânico, eletrônico, xerográfico etc., sem a permissão por escrito da editora, de parte ou totalidade do material escrito.

CIP-BRASIL. CATALOGAÇÃO-NA-FONTE.
SINDICATO NACIONAL DOS EDITORES DE LIVROS, RJ.

8544n Bittencourt, José Maria, 1922-.
No reino dos exus / José Maria Bittencourt - 6ª edição
Rio de Janeiro: Pallas, 2011

128p. : il.

ISBN 978-85-347-0280-5

1. Umbanda (Culto). I. Título.

84-0626   CDD 299.60981
                                CDU 299.6(81)

Pallas Editora e Distribuidora Ltda.
Rua Frederico de Albuquerque, 56 – Higienópolis
CEP 21050-840 – Rio de Janeiro – RJ
Tel./fax: (021) 2270-0186
www.pallaseditora.com.br
pallas@pallaseditora.com.br

ÍNDICE

Introdução	5
Autorização	7
Preâmbulo	9
Religiões, Trechos Bíblicos, A Sabedoria Universal. O Positivo e o Negativo, A Origem do Mal, Tudo se Transforma, Quiumbanda	
Nosso Objetivo	17
Sua Alteza Lúcifer	19
Organograma do Alto Comando no Reino dos Exus	
Alto Comando dos Exus	31
Organograma das Falanges de Exus que trabalham sob as ordens de Omulu	
Linhas de Quimbanda	67
Linhas das Almas, Linha Nagô, Linha Mista, Linha dos Cemitérios, Linha Mossurubi, Linha Malei Linha dos Caboclos Quimbandeiros	
Sua Alteza Lúcifer e seu Estado Maior ...	69
Linhas da Quimbanda	73
Linhas Paralelas	77
Como abrir um Trabalho de Quimbanda ..	81
Trabalho de Retorno, Trabalho de Desamarrar, Casos de Obsessão, Trabalho Maléfico, Trabalho de Cura, O Banho que Salva, Diálogo em Torno da Fé, Simpatias e Mirongas, Sobre a Defumação, Defumação Mal Feita, Defumações a Serem Usadas, Oferendas, Promessa e Despacho, Banquete para Exu	
Nossa Fé Umbandista	99
Cruzamento de Linhas, Trabalhos Residenciais, Exu Madame Pomba Gira, Camadas Sociais, Pombas Giras Aliciadoras, Mulher dos Sete Exus, Proteção de Pomba Gira, Advertência	
Pontos Cantados na Quimbanda	109
Epílogo	121
Bibliografia	123

Introdução

Desde remotas eras o homem vem fazendo pesquisas acerca das suas crenças, e continuará a fazê-las através dos séculos. Enquanto uns seguem a tradição familiar, sem maiores preocupações pelos fundamentos de suas crenças religiosas, outros se convertem à outras seitas, havendo ainda os que fundam novas seitas, aumentando assim, cada vez mais, o grande número de seitas religiosas. Existem, também, aqueles que se dizem ateus ou indiferentes às crenças religiosas.

Seja como for, as religiões continuam evoluindo na face da Terra, com a finalidade de apregoar o amor ao próximo e de fazer o bem, servindo como bálsamo para a alma que sofre, ajudando a viver melhor.

Grandes Mestres da Sabedoria já passaram por esta Terra, procurando conciliar os homens, ensiná-los a viver. Seus ricos ensinamentos, suas mensagens de paz e de amor, estão gravados nas mentes dos homens de boa vontade.

Autorização

Ó bondoso Pai Amantíssimo! Em vossa fé e por vossa fé, aqui estou, novamente, com a gloriosa Umbanda. Vou tratar de um assunto dos mais delicados, e também dos mais perigosos, mormente quando praticado por pessoas carentes de esclarecimentos e prisioneiras da maldade.

Antes de iniciar este importante trabalho literário, consultei os meus Pais Espirituais, pedindo suas proteções, obtendo resposta imediata do meu protetor e amigo de todas as horas — Pai Jacob. Disse-me ele com suas palavras simples, puras e confortantes: "Graças a Deus, meu fio, Vósmecê tem a permissão de rabisca, pois a nossa querida Umbanda precisa ser divulgada em todos os sentidos, no lado bom da vida espiritual, e no seu lado oposto. Vósmecê tem a vontade e nós tem o conhecimento; vósmecê tem a fome e nós tem o alimento. Em nome do Pai Amantíssimo te dou a bênção e a premissão para levá aos quatro ventos este novo rabiscado".

—oOo—

Caríssimos irmãos:

Na minha luta diária para aprimorar-me nos conhecimentos de nossa querida Umbanda, sempre acreditei na indispensável cooperação de um confessor, a fim de trocar idéias e sentirmos juntos, e de perto, a necessidade de maiores esclarecimentos.

Assim, no devido tempo, veio a aproximação e complementação com o meu irmão de fé espiritual, Oscar Weldt.

A esse irmão de fé dedico a maior estima, rendendo-lhe esta homenagem, em primeiro plano, e dedicando-lhe o desenrolar desta obra.

Nesta oportunidade, apresento, também a minha modesta homenagem aos seguintes irmãos de fé espiritual: Armando, João, Lauro, Ernani, Onofre, Matheus, e minhas irmãs de fé, as senhoras Helena, Virgínia, Zeni, Rozinha, Cotinha, Marieta, minha querida esposa Iracema, minha cunhada Leonor e meus filhos Aymê e Gerson.

A todos, minha eterna gratidão!

JOSÉ MARIA BITTENCOURT

Preâmbulo

Feliz daquele que sabe estender a sua mão ao próximo. Feliz daquele que sente de perto que suas obrigações religiosas são oferendas aceitas pelo nosso Pai Amantíssimo, e que servem de aprimoramento aos irmãos menos esclarecidos.

Formulo aqui uma pergunta, meus irmãos, sem a mínima intenção de feri-los: Quantas vezes meditastes, e meditando, que conclusões tirastes sobre o sofrimento humano?

Respondo, meus irmãos, concluindo assim: cada ser humano traz consigo, desde o seu nascimento, a trajetória a ser seguida durante a sua existência. Uns aqui vêm em busca de algo que deixaram de cumprir em gerações passadas, outros com a missão de esclarecer, de ensinar o amor ao próximo, e outros mais para a fase final do seu aprimoramento.

Após esta análise, faço outra pergunta: Em que situação se encontram os meus irmãos?

A isto, respondo: nunca é tarde para nos reconciliarmos com Deus, que está sempre à nossa espera para dar-nos o seu perdão. Mas, para isto é necessário que ampliemos a nossa compreensão da vida, que alcancemos o desprendimento, material e espiritual.

Indaguei e descobri que, mesmo com os meus parcos recursos e humildes conhecimentos sobre a nossa querida Umbanda, poderia participar, junto com os demais irmãos, na divulgação escrita de nossa fé.

Aproveito para afirmar que vivo em minha fé, desencarno em minha fé, sempre na esperança do aprimoramento em encarnações futuras.

Meu maior desejo é que todos os meus irmãos de fé procurem dar um pouco de si mesmos, em benefício de outros irmãos sedentos de esclarecimentos, a fim de que possam seguir sempre pela estrada do bem.

RELIGIÕES

As religiões organizadas são velhas como as montanhas. Existem milhares de seitas religiosas em todo o mundo, e estão sempre surgindo novas seitas, criadas pelo idealismo de seus mandatários, de acordo com suas novas interpretações dos textos sagrados.

Surge, pois, a pergunta: qual a verdadeira religião?

Para sabermos qual a verdadeira religião, a que devemos seguir, penso eu que devemos procurar a raiz do seu aparecimento, e verificarmos se essa raiz foi plantada pelo Supremo Criador do Universo. Procedi assim: Busquei e achei a raiz da minha religião no maior dos livros, o mais belo e o mais sábio — a Bíblia Sagrada. E assim, verifiquei que, nos primórdios do mundo já se praticava a Umbanda.

—oOo—

TRECHOS BÍBLICOS

Gênesis
Cap/Vers.
22 Deus manda Abraão matar seu filho Isaque.
V. 7 Então falou Isaque a Abraão seu pai, e disse: Meu pai. E ele disse: Eis-me aqui, meu filho. E ele disse: Eis aqui o fogo e a lenha, mas onde está o cordeiro para o holocausto?
V. 8 E disse Abraão: Deus provera para si o cordeiro para o holocausto, meu filho. Assim caminharam ambos juntos.
V. 9 E vieram ao lugar que Deus lhe dissera, e edificou Abraão ali um altar, e pôs em ordem a lenha, e amarrou a Isaque seu filho, e deitou-o sobre o altar em cima da lenha.
V. 10 E estendeu Abraão a sua mão, e tomou o cutelo para imolar o seu filho:
V. 11 Mas o anjo do Senhor lhe bradou desde os céus, e disse: Abraão, Abraão! E ele disse: Eis-me aqui.
V. 12 Então disse: Não estendas a tua mão sobre o moço, e não lhe faças nada; porquanto agora sei que temes a Deus e não me negaste o teu filho, o teu único.

V. 13 Então levantou Abraão os seus olhos, e olhou, e eis um carneiro detrás dele, travado pelas suas pontas num mato, e foi Abraão, e tomou o cordeiro, e ofereceu-o em holocausto, em lugar de seu filho.

V. 14 E chamou Abraão o nome daquele lugar, "o Senhor proverá"; donde se diz até o dia de hoje: No monte do Senhor se proverá.

V. 15 Então o anjo do Senhor bradou a Abraão pela segunda vez desde os céus.

V. 16 E disse: Por mim mesmo, jurei, diz o Senhor: Porquanto fizeste esta ação, e não me negaste o teu filho, o teu único.

V. 17 Que deveras te abençoarei, e grandissimamente multiplicarei a tua semente como as estrêlas dos céus, e como a areia que está na praia do mar; e a tua semente possuirá a porta dos seus inimigos.

V. 18 E em tua semente serão benditas todas as nações da terra, porquanto obedeceste à minha voz.

V. 19 Então Abraão tornou aos seus moços, e levantaram-se, e foram juntos para Berseba; e Abraão habitou em Berseba.

Êxodo
Cap/Vers.

C. 7 Deus anima Moisés a falar outra vez a Faraó.

V. 8 E o Senhor falou a Moisés e a Arão, dizendo:

V. 9 Quando Faraó vos falar, dizendo: Fazei por vós algum milagre; dirás a Arão: Toma a tua vara, e lança-a diante de Faraó; e se tornará em serpente.

V. 10 Então Moisés e Arão entraram a Faraó, e fizeram assim como o Senhor ordenara; e lançou Arão a sua vara diante de Faraó, e diante dos seus servos, e tornou-se em serpente.

V. 11 E Faraó também chamou os sábios e encantadores, e os magos do Egito fizeram também o mesmo com os seus encantamentos.

V. 12 Porque cada um lançou sua vara, e tornaram-se em serpentes; mas a vara de Arão tragou as varas deles.

V. 13 Porém, o coração de Faraó se endureceu, e não os ouviu, como o Senhor tinha dito.

Êxodo Cap. 13, V. 2, 3, 4, 14 — Os primogênitos são santificados a Deus.

C. 13 Então falou o Senhor a Moisés, dizendo:

V. 2 Santifica-me todo o primogênito, que abrir toda a madre entre os filhos de Israel, de homens e de animais; porque meu é.

V. 3 E Moisés disse ao povo: Lembrai-vos deste mesmo dia, em que saiste do Egito, da casa da servidão, pois com mão forte o Senhor vos tirou daqui; portanto, não comereis pão levedado.

V. 4 Hoje, no mês de Abibe, vós sais.

V. 14 Se acontecer que teu filho no tempo futuro te pergunte, dizendo: Que é isto? Dir-lhe-ás: O Senhor nos tirou com mão forte do Egito, da casa da servidão.

Levítico Cap. 6, V. 14 a 16 — A lei da oferta de manjares

V. 14 Esta é a lei da oferta de manjares: um dos filhos de Arão a oferecerá perante o Senhor diante do altar;

V. 15 E dela tomará o seu punho cheio da flor de farinha da oferta e do seu azeite, e todo o incenso que estiver sobre a oferta de manjares; então o acenderá sobre o altar; cheiro suave é isso, por ser memorial ao Senhor.

V. 16 E o restante dela comerão, Arão e seus filhos; asmo se comerá no lugar santo, no pátio da tenda da congregação o comerão.

S. Mateus Cap. 16, V. 4 a 28 — Os discípulos devem levar as suas cruzes.

V. 24 Então disse Jesus aos seus discípulos: Se alguém quiser vir após mim, renuncie-se a si mesmo, tome sobre si a sua cruz, e siga-me.

V. 25 Porque aquele que quiser salvar a sua vida, perde-la-á, e quem perder a sua vida por amor de mim, acha-la-á

V. 26 Pois que aproveita ao homem ganhar o mundo inteiro, se perder a sua alma? Ou, que dará o homem em recompensa de sua alma?

V. 27 Porque o Filho do Homem virá na glória de seu Pai, com os seus anjos; e então dará a cada um segundo as suas obras.

V. 28 Em verdade vos digo que alguns há, dos que aqui estão, que não provarão a morte até que vejam vir o Filho do homem no seu reino.

I S. João Cap. 4, V. 7 a 21 — Deus é amor — Devemos amar a Deus e aos nossos irmãos.

V. 7 Amados, amemo-nos uns aos outros, porque a caridade é Deus, e qualquer que ama é nascido de Deus, e conhece a Deus.

V. 8 Aquele que não ama não conhece a Deus, porque Deus é Caridade.

V. 9 Nisto se manifestou a caridade de Deus para conosco; que Deus enviou seu Filho unigênito ao mundo, para que por ele vivamos.

V. 10 Nisto está a caridade, não em que nós tenhamos amado a Deus, mas em que ele amou a nós, e enviou seu Filho para propiciação pelos nossos pecados.

V. 11 Amados, se Deus assim nos amou, também nos devemos amar uns aos outros.

V. 12 Ninguém jamais viu a Deus; se nos amamos uns aos outros, Deus está em nós, e em nós é perfeita a sua caridade.

V. 13 Nisto conhecemos que estamos nele, e ele em nós, pois que nos deu do seu Espírito.

V. 14 E vimos e testificamos que o Pai enviou seu Filho para ser o Salvador do mundo.

V. 15 Qualquer que confessar que Jesus é o Filho de Deus, Deus está nele e ele em Deus.

V. 19 Nós o amamos a ele porque ele nos amou primeiro.

V. 20 Se alguém diz: Eu amo a Deus e aborrece a seu irmão, é mentiroso. Pois quem não ama a seu irmão, ao qual viu, como pode amar a Deus a quem não viu?

V. 21 E dele temos este mandamento: que quem ama a Deus, ame também a seu irmão.

A SABEDORIA UNIVERSAL

Prezados irmãos:

Ao transcrever esses trechos Bíblicos, foi meu propósito demonstrar que nos idos da civilização, já se praticava a nossa querida Umbanda, com todo o seu ritual e fé em nosso Pai Amantíssimo.

Abraão e Moisés particaram a Umbanda em toda a sua plenitude, e assistiram a relação da alta magia pelos Magos do Egito, na presença do Faraó.

Nossos dias estão próximos! É chegada a hora de aproveitarmos bem cada minuto, cada segundo de nossa vida em proveito da vida espiritual. Do mundo nada se leva, exceto as boas ações aqui praticadas, as quais se acham escritas no "Diário", e que serão julgadas após o nosso passamento. Feliz daquele que possui pelo menos uma vista, pois será o Rei no reino dos cegos!

—oOo—

O POSITIVO E O NEGATIVO

Eis uma tese defendida por nós, Umbandistas: Deus criou o mundo, buscando em tudo a perfeição. Para que pudéssemos aquilatar a sua perfeição, foi estabelecida por Deus a dualidade, isto é, os opostos.

Assim, em tudo existe o masculino e o feminino: luz e trevas, água e fogo, pólo negativo e pólo positivo etc.

Isto posto, digo que também a nossa religião tem o seu lado oposto: Umbanda e Quimbanda.

A Umbanda é o lado positivo, o lado bom da vida espiritual, que conduz seus filhos pela estrada do bem até à presença do Supremo Mestre.

A Quimbanda é o lado negativo, o lado oposto, com seus dogmas falsos, tendo à sua frente o senhor absoluto das trevas — sua Alteza, Lúcifer, também conhecido como O Anjo Belo.

> Saravá à Vossa Majestade!
> Saravá ao seu Estado Maior!
> Saravá ao Reino dos Exus!

A ORIGEM DO MAL

Havia na Corte Celestial um anjo chamado Lúcifer, também chamado O Anjo Belo, o primeiro dos Querubins, possuidor de grandes conhecimentos, o que o distinguia entre os demais anjos da Corte de Deus.

Sucedeu que estranhos sentimentos de orgulho e vaidade começaram a penetrar no coração do Anjo Belo, levando-o a conspirar contra Deus com o propósito de assumir o trono divino. Não querendo o Pai Celestial eliminá-lo, decidiu expulsá-lo do Paraíso, juntamente com os seus adeptos. Foi desta maneira que milhões de espíritos rebeldes, comandados pelo Anjo Belo, formaram o seu Reino — O Reino das Trevas.

—oOo—

TUDO SE TRANSFORMA

Há uma Lei Universal, ditada pelo Pai Amantíssimo, Supremo Criador do Universo, segundo à qual nada permanece em seu estado primitivo; tudo se transforma.

Assim sucede com a Quimbanda que, com o auxílio da Umbanda (lado positivo), procura elevar-se a um plano melhor. Procurarei exemplificar da seguinte maneira: Existe o que chamamos hierarquia, como no Exército, assim: soldado, cabo, sargento, sub-oficial, aspirante, tenente, capitão, major, coronel, general e marechal. As denominações são permanentes, porém seus ocupantes são transitórios, pois, periodicamente há promoções no corpo das tropas, passando o soldado a cabo, o cabo a sargento, seguindo a escala hierárquica até o limite máximo, isto é, o capitão a major e, por fim, o general a marechal sendo feitas as promoções por merecimento. Por outro lado, existem também os chamados "Golpes de Estado", onde as promoções obedecem a outros critérios.

Na Quimbanda sucede algo semelhante: há promoções e Golpes de Estado, mas os postos honoríficos permanecem os mesmos. Os ocupantes dos diversos postos procuram se elevar em posto ou espiritual. Quando em posto é promovido, em espiritual é eliminado, daí passando a trabalhar na Umbanda como Caboclo ou Preto-Velho.

O Estado Maior da Quimbanda vive em transformações seguidas, e Sua Alteza (posto máximo, ocupado pelo Maioral), já sofreu e vem sofrendo várias modificações dos seus ocupantes, pois, segundo dados colhidos, a Sua Alteza é sempre um jovem de trinta e três anos, esbelto, cabelos louros e de fina educação. Mas, não pode permanecer para sempre no seu posto, pois outros jovens cobiçam o Posto Máximo.

Tecendo outras considerações, afirmo que há recuperação dos elementos, porquanto o Pai Amantíssimo está sempre nos dando oportunidade para a nossa recuperação espiritual, nunca deixando de lado os filhos menos esclarecidos. Se existe a Quimbanda, é pelo fato de distinguirmos o bem do mal. Como poderia haver a distinção se houvesse apenas um pólo? Portanto, a Quimbanda é, em suma, um mal necessário, pois se constitui no primeiro passo de nossa elevação espiritual.

QUIUMBANDA

A Quiumbanda se constitui num verdadeiro flagelo do espaço sideral e da Terra. Os membros dessa hoste são os chamados "Quiumbas", os serra-filas da Quimbanda, onde a sua disposição em fazer o mal está sempre presente, pois é só o que sabem fazer. Tendo sido marginalizados do astral, procuram de todas as maneiras a infiltração na sociedade, a fim de saciarem os seus desejos mesquinhos, espalhando a confusão entre os seres humanos.

Quiumbas são espíritos atrazadíssimos, compostos de diversas classes, sendo que muitos ainda não encarnaram uma única vez. Exímios em mistificações, muitas vezes fazem-se passar por Caboclos e Pretos-Velhos, e até mesmo por Exus.

Mas, há a Polícia do Astral, sempre vigilante na defesa de sua jurisdição contra esses verdadeiros salteadores do espaço. Quando apanhados, são mandados, conforme o seu estado, para hospitais, escolas ou, em alguns casos, para prisões do astral. No entanto, o castigo da prisão costuma ser insuficiente para alguns. O que mais aterroriza aos Quiumbas é o perigo de não poderem encarnar por um certo período, por isso que, fazem mil promessas aos encarregados da justiça do astral, buscando outra oportunidade para a sua recuperação. Quando têm oportunidade de recuperação e não a aproveitam, são eliminados, isto é, impedidos de encarnar. Este é o maior castigo imposto a um Quiumba pela Polícia do Astral, nossos amigos Exus, que se encontram sempre vigilantes, protegendo-nos, juntos com a nossa generosa Umbanda.

Por tudo o que foi dito, é fácil compreender que ser Exu é possuir um certo grau de elevação espiritual.

Nosso Objetivo

Se o prezado irmão comprou este livro influenciado pelo título, a fim de aprender mais sobre a nossa querida Umbanda, garanto que não ficará decepcionado, pois ele foi escrito especialmente para os irmãos que se dedicam à nossa gloriosa Umbanda.

Nós Umbandistas temos a satisfação de tudo dar sem nada receber em troca, pois sabemos que a recuperação dos filhos desgarrados está próxima, e dia virá em que a perfeição reinará na face da terra.

Mas, ao irmão que sente abalada a sua fé, que se deixa sugestionar quando vê manchetes nos jornais criticando a nossa Umbanda, eu pergunto: Ainda não se convenceu de que a nossa Umbanda representa amor, paz e desprendimento? Que tudo faz em benefício de seus filhos? Que as críticas à nossa Umbanda são injustas e mal endereçadas? Que essas críticas deveriam ser feitas aos Quiumbandeiros, que só visam o lucro e tudo fazem em troca do vil metal?

A Umbanda e a Quimbanda são linhas opostas; nunca se encontram.

A Umbanda só trabalha para o bem; cada vez mais as multidões recorrem aos seus benefícios. Se o caro leitor quiser, poderá ser incluído entre os muitos beneficiados pela nossa querida Umbanda.

No entanto, se o prezado leitor é um Quiumbandeiro e comprou este livro pensando em alargar seus horizontes na prática do mal, não terá perdido seu tempo e seu dinheiro, pois garantimos que terá uma grata surpresa. A esta altura dos acontecimentos, talvez o seu coração até já esteja recebendo vibrações de amor e de piedade. Com lágrimas nos olhos rogo a Deus e aos Guias e Protetores pelo leitor Quiumbandeiro, pela sua recuperação, a qual se fará lentamente, pois que o caro leitor renasceu agora e tem muito que aprender em gerações futuras. Mas, nunca é tarde. A todos é dada a oportunidade de aproveitar os minutos e os segundos da vida na prática do bem, a fim de receber as bênçãos de Deus.

Sua Alteza Lúcifer

Sua Alteza Lúcifer, chefe supremo no Reino dos Exus, o Maioral da Magia Negra, cujos poderes e forças são obedecidos "in loco" por seus comandados, apresenta-se em três manifestações distintas, assim como a Santíssima Trindade:

    a) Pai
    b) Filho
    c) Espírito Santo.

Na qualidade de Chefe Supremo no Reino dos Exus, apresenta-se Lúcifer, também, em três entidades distintas, com as quais comanda o poderoso Reino dos Exus.

    a) Lúcifer
    b) Béelzebuth
    c) Aschtaroth

a) Lúcifer

Sendo a entidade máxima do Reino dos Exus, acha-se com o direito de apresentar-se da maneira que desejar. Sua vestimenta é a mais requintada de todas: uma capa forrada de vermelho. Na cabeça traz dois cornos (chifres), e sua apresentação é a de um nobre cavalheiro.

Atende com prazer, quando solicitado, nos diversos trabalhos de sua alçada, principalmente para desmanchar seus próprios malefícios (em trabalhos de Quimbanda, solicitados pela Umbanda).

Nas grandes reuniões sociais apresenta-se sempre acompanhado de Madame Pomba-Gira; aprecia bom charuto e as mais finas bebidas.

b) **Béelzebuth**

Apresenta-se sob as formas de bezerro ou de bode, sempre de formas monstruosas.

c) **Aschtaroth**

Sua apresentação é a de um perfeito cidadão. Domina os caminhos cruzados, motivo pelo qual o conhecem por Exu Rei das Sete Encruzilhadas, comandante em chefe da mais poderosa linha de Exus, grandemente invocado pelos quimbandeiros para a prática de malefícios.

Ponto Cantado de Sua Alteza
o Maioral no Reino dos Exus

Oia iá, catira de Umbanda!
Espia, espia quem vem lá!
É o Supremo Rei de Quimbanda!
Chefe de Chefe, é maiorá!
Todo o povo de Umbanda
Mandô me chamá!

Devo esclarecer que Sua Alteza, o Maioral, apresenta-se em três manifestações distintas, sendo que em cada manifestação possui dois auxiliares poderosos, os quais transmitem sua ordem a outro auxiliar. E assim por diante.

a) Lúcifer

Tem como auxiliares diretos:
Exu Marabô (Put Satanakia)
Exu Mangueira (Agalieraps)

b) Béelzebuth

Transmite suas ordens a:
Exu Tranca-Ruas (Tarchimache)
Exu Tiriri (Fleruty)

b) Aschtaroth

Exu das Sete Encruzilhadas — Exu Rei.
Tem como auxiliares:
Exu Veludo (Sagathana)
Exu dos Rios (Nesbiros).

Os seis Exus principais (auxiliares diretos), transmitem suas ordens a dois outros Exus:

Exu Calunga (Syrach)
Exu Omulu (Omulu Rei)

Faz parte ainda desse Alto Comando, a representante feminina: Exu Pomba-Gira (Klepoth) — A Senhora dos Sete Exus.

—oOo—

Organograma do Alto Comando no Reino dos Exus

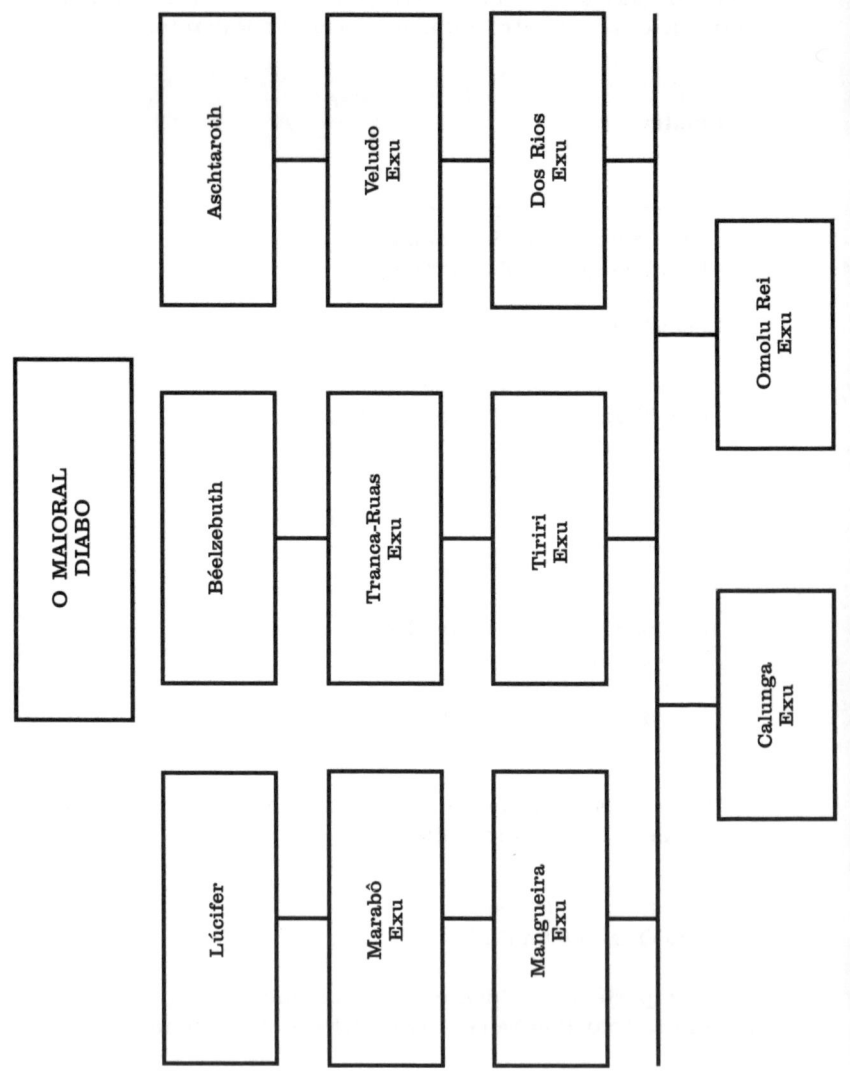

Exu Marabó (Put Satanakia)

Esta entidade é encarregada de fiscalizar o plano físico, distribuindo ordens aos seus comandados, nos mais diversos planos de sua jurisdição. Dificilmente vem a um Terreiro. Fala e escreve perfeitamente o francês. Quando incorpora num médium, usa o nome de seu companheiro Agalieraps (Exu Mangueira). Sua apresentação é a de um perfeito cavalheiro. Aprecia bebidas finas e os melhores charutos.

Ponto Cantado de Exu Marabô

Eu ta, eu taí,
Quem foi que que me chamô?
Eu é Exu! Eu é Exu!
Exu Marabô! Exu Marabô!

Ponto Riscado de Exu Marabô!

Exu Mangueira (Agalieraps)

Sua apresentação é idêntica a de seu companheiro Marabô. Fala e escreve corretamente o francês. A única particularidade que possui é o fato de expelir odor de enxofre na sua incorporação. Aprecia bons vinhos e ótimos charutos. Esta entidade, uma vez invocada, jamais aceita ordens terrenas e, para se retirar, é necessário recorrer-se à entidades superiores que atendam o seu pedido.

No final dos trabalhos de Umbanda, pedimos a esta entidade que proteja o nosso Terreiro, com o Ponto abaixo:

Ponto Riscado de Exu Mangueira

Ponto Cantado

O sino da igreja
Faz blém-blém-blão,
Exu na encruzilhada
É rei, é capitão. (bis)

Exu Mangueira,
Trabalhador na encruzilhada,
Toma conta, presta conta,
Ao romper da madrugada, (bis)

Exu Tranca-Ruas (Tarchimache)

É a segunda pessoa de Béelzebuth, sendo a sua posição idêntica à do Exu Marabô (Put Satanakia), com a mais alta responsabilidade no Reino dos Exus. A ele está designada a guarda das entradas e de recintos onde se pratica a alta magia. É conhecido, também, na gloriosa Umbanda, por Elio.

Em todas as reuniões espirituais o Exu Tranca-Ruas mantém proteção, com a sua guarda de choque, contra os Quiumbas, que procuram deturpar o bom andamento dos trabalhos. Assim sendo, sentimo-nos na obrigação de saudar esta entidade em primeiro plano ao darmos início aos trabalhos de Umbanda, para que o ambiente sinta a sua proteção. Existem várias entidades que se apresentam como Exus Tranca-Ruas, porém os mais conhecidos são: Tranca-Ruas das Almas e Tranca-Ruas de Embaé.

Ponto Riscado de Exu Tranca-Ruas

Ponto Cantado

Estava drumindo,
Curimbanda me chamô:
Alevanta minha gente,
Tranca-Ruas já chegô!   (bis)
O sino da igrejinha,
Faz blém-blém-blão!
É meia-noite e o galo já cantou,
Seu Tranca-Ruas,
Que é o dono da gira,
Que corre gira,
Que Oxalá mandou.   (bis)
Exu, Exu Tranca-Ruas,
Me abre o Terreiro,
E me fecha a rua!   (3 vezes)

Exu Tiriri (Fleruty)

É companheiro do Exu Tranca-Ruas, porquanto possui idênticas forças em seu comando. Sua apresentação é de um homem preto, cuja pele corroída pela bexiga (peste), é bem visível. Grandemente evocado para os trabalhos a serem despachados nas encruzilhadas, nos campos, nos rios e as vezes nos cemitérios, embora não esteja em sua jurisdição (pois o mesmo pertence à Linha de Omulu), o mesmo é atendido, porquanto as Linhas, Falanges, Sub-Falanges do mal têm entre si acordos neste sentido.

Ponto Riscado de Exu Tiriri

Ponto Cantado

Ó meu senhor das armas,
Me diga quem vem aí,
Eu é Exu,
Exu Tiriri!   (3 vezes)

Exu Veludo (Sagathana)

Esta entidade é assistente direta de Aschtaroth (Exu Rei das Sete Encruzilhadas), a terceira manifestação de Sua Alteza, o Maioral. Possui vibrante força mágica. Sua evocação é muito apreciada na Quimbanda e, principalmente, na "Magia Negra", pois, tem suas forças sempre prontas para proteger aos que recorrem à sua proteção.

Sua apresentação é a do mais fino cavalheiro, ricamente vestido num belo traje com gola de veludo, e um fino cachecol da mais pura sêda de cor vermelha; também usa uma capa de veludo preta, forrada de cetim vermelho, segundo os meus sentidos, pois tenho a honra de trabalhar com esta entidade. Aprecia os melhores charutos, gostando de examinar os mesmos antes de se servir. Quanto à bebida, prefere o conhaque, exigindo que o mesmo lhe seja servido numa pequena bandeja. O seu porte, como já disse é de um fino cavalheiro, mas a sua dissonância é logo verificada, sendo logo identificado por seus "Pés de Cabra". Gosta de trabalhar só ou junto com as Pombas-Gira.

    O meu sarava ao
    Compadre Veludo!
    Saravá!

Ponto Riscado de Exu Veludo — (Na irradiação de Ogum)

Ponto Cantado

Comigo ninguém pode,
Mas eu pode com tudo!
Na minha encruzilhada,
Eu é Exu, Exu Veludo! (3 vezes)

    Salve Exu Veludo! Salve a sua Falange amiga e protetora, a nos defender de tudo e de todos aqueles que, porventura, num leve olhar de maldade, nos queiram atingir.

    O meu cordial sarava!

Exu dos Rios (Nesbiros)

    Também, como Exu Veludo, recebe as ordens diretas de Aschtaroth (Exu Rei das Sete Encruzilhadas). Sua jurisdição está nas beiras dos rios e riachos, onde é a sua morada. Todos os trabalhos efetuados nessa redondeza devem ser oferecidos a esta entidade. A sua apresentação é de Caboclo, mas logo é reconhecido, pois usa uma vestimenta de penas negras. Não usa penacho ou qualquer enfeite na cabeça, a não ser cornos (chifres), perfeitamente apresentáveis em suas manifestações.

Ponto Riscado de Exu dos Rios — (Na irradiação de Inhaçã)

Ponto Cantado

Quem me invoca nesta "Banda" é, é!
Só pode sê minhas fio, ê, ê, ó!
Gira ronda, gira ronda ê, ê, á,
Seu poder é sobre as águas ê ê, ô!
P'ra cruza fios de Umbanda,
Já chegô Exu dos Rios ê, ê, á!

Exu Madame Pomba-Gira (Klepoth)

Sua apresentação é a maldade em forma de mulher perante os iniciados da Alta Magia. A mesma é representada sob a forma de "Bode de Sabbat" ou "Baphomet de Mendes".

Possui grande poder e magia, e resolve todos os casos que pertençam a sua jurisdição.

Exerce forte domínio, nos casos amorosos, unindo ou separando os casais, conforme for solicitada. De modo geral, é a protetora das infelizes prostitutas, que recorrem aos seus serviços, a fim de conquistarem o amor ilícito, de um cidadão que as desprezam, favorecendo os meios financeiros para o alcance de tal objetivo.

Ponto Riscado de Exu Pomba-Gira

Ponto Cantado

Eu sou Pomba-Gira,
E vim p'ra trabalhar.
Sou mulher dos sete Exus,
E todo o mal vou levar.
Eu tenho uma rainha,
E tenho também um rei,
Obedeço Exu Veludo,
Pois é ordem de meu rei.

Gira, gira, gira,
Vamos todos girá,
Já chegou a Pomba-Gira,
Que veio trabalhar.

Alto Comando dos Exus

Não pretendo entrar em polêmica com outros autores, pois, na Lei Universal, o número sete (7) tem demonstrado exercer grande influência.

Mas, analisando em sua plenitude, não poderia deixar de mencionar, como parte ativa neste Alto Comando, duas poderosas entidades, porquanto as mesmas estão interligadas com as demais linhas "No Reino dos Exus".

Assim, o Alto Comando é composto de sete (7) elementos, além de mais dois auxiliares de alto gabarito, não esquecendo a Madame Pomba-Gira, a companheira dos sete Exus.

Exu Calunga (Syrach)

Esta entidade comanda um legião de 18 Exus, e se apresenta na forma de um verdadeiro anão. Em regiões onde o alto grau de desenvolvimento não foi atingido, costumam fantasiar a criação de seres fantásticos como "Sacis" e "Duendes", para cognominar esta entidade Exu Calunga ou Calunguinha.

Signo Kabalístico de Exu Calunga (Sirach)

Exu comandados por Exu Calunga (Sirach)

1.º	Bechard	Exu dos Ventos
2.º	Frimost	Exu Quebra Galho
3.º	Klepoth	Exu Pomba-Gira
4.º	Khil	Exu das 7 Canhoeiras
5.º	Merifild	Exu das 7 Cruzes
6.º	Clistheret	Exu Tronqueira
7.º	Silcharde	Exu das 7 Poeiras
8.º	Ségal	Exu Gira Mundo
9.º	Hicpacth	Exu das Matas
10.º	Humots	Exu das 7 Pedras
11.º	Guland	Exu Morcego
12.º	Frucissière	Exu dos Cemitérios
13.º	Surgat	Exu das 7 Portas
14.º	Morail	Exu Sombra (ou 7 Sombras)
15.º	Frutimière	Exu Tranca-Tudo
16.º	Claunech	Exu da Pedra Negra
17.º	Musifin	Exu da Capa Preta
18.º	Huictogaras	Exu Marabá

Ponto Cantado de Exu Calunga

Eu tô te chamando, ó Calunga!
P'ra você vir trabalhar,
Quando eu te vejo, ó Calunga!
Vejo também a sereia do mar.
Eu tô te chamando, ó Calunga!
P'ra você vir trabalhar,
Quando eu te vejo, ó Calunga!
Vejo também a sereia do mar.
Eu tô te chamando, ó Calunga!
P'ra você vir trabalhar,
Chega também a sereia do mar.

Ponto de Calunguinha do mar

Vem, vem, ó Calunga!
Vem trabalhar.
Vem, vem, vem, ó Calunga!
Calunguinha do mar.
O Calunga do mar é bom meu pai!
O Calunga do mar é bom meu pai!

Bechard — (Exu dos Ventos ou Exu Ventania)

É o primeiro comandado do Exu Calunga (Syrach). Possui enorme força sobre os ventos ou tempestades de qualquer natureza, tais como: granizo, maremoto, terremoto, etc.
Sua apresentação é na forma de um espírito negro, e sua conformação corpórea é perfeita, isto é, envolta numa nuvem de fumaça negra. Na parte dos pés os mesmos não aparecem, apresenta a forma de um funil, semelhante aos ciclones e furacões.
O Exu dos Ventos trabalha, principalmente, com víboras, sapos e toda sorte de animais peçonhentos.

Signo Kabalístico de Bechard

Ponto Cantado de Exu dos Ventos

Sopra toda a noite,
Venta todo o dia,
Eu é Exu dos Ventos,
Tatá Sete Ventania.

Frimost — (Exu Quebra Galho)

É o segundo comandado do Exu Calunga. Possui vários poderes, principalmente nas matas. A sua presença é logo sentida pelos estalos dos galhos. Também exerce forte domínio sobre as mulheres, incitando-as à prostituição. É a entidade mais solicitada neste particular.
Os trabalhos para separação ou amarração, são feitos num boneco de madeira tosca e entregue a esse poderoso Exu.

Signo Kabalístico de Frimost

Ponto Cantado de Exu Quebra Galho

Ouvi um ruído na mata!
Não sei o que será!
P'ra mim é o Quebra Galho,
Que veio trabaiá.

Klepoth — (Exu Pomba-Gira)

Sua apresentação já foi feita em páginas anteriores.
É o terceiro comandado de Exu Calunga (Sirach).

Khil — (Exu das 7 Cachoeiras)

Esta entidade é muito conhecida nos Terreiros de Umbanda e na Quimbanda. Trabalha nas cachoeiras e é responsável pelos grandes abalos sísmicos. Aprecia charuto preto, e seu amalá preferido é galinha d'angola, recheada com farofa no azeite-de-dendê.
É o quarto comandado de Exu Calunga (Sirach).

Signo Kabalístico de Exu das 7 Cachoeiras

Ponto Cantado

Quando a pedra rolá na pedreira,
E o galo preto canta na capoeira,
Todos os fios deve pedir a proteção,
De Exu Rei das 7 Cachoeira.

Merifild — (Exu das 7 Cruzes)

Esta entidade é responsável pelo zelo na entrada dos cemitérios, e para receber todos os espíritos dos suicidas e facínoras que aqui na terra cometeram as maiores atrocidades. A esse Exu é entregue os pedidos, quando se deseja que alguma pessoa tenha morte violenta. Aproveito aqui para advertir sobre a "Lei do Retorno"; devemos sempre fazer o bem para recebermos o bem.

Embora o Exu das 7 Cruzes não faça parte integrante da Linha de Omulu, o mesmo tem o poder de transportar os espíritos ou pessoas para onde quizer. Segundo o grande conhecedor do assunto, Aluízio Fontenelle, (já desencarnado), é desaconselhável invocar este Exu, pois o mesmo foi o responsável pelos sofrimentos dos últimos momentos de Nosso Senhor Jesus Cristo.

No Signo Kabalístico ve-se nitidamente o cálice da amargura onde foi oferecido vinagre com fel ao Divino Mestre.

Signo Kabalístico de Exu das 7 Cruzes

Ponto Cantado

Exu das Sete Cruzes
Das Sete Cruzes ele é!
Carrega as Sete Cruzes,
P'ro compadre Lúcifer.

Clistheret — (Exu Tronqueira)

Este Exu é o encarregado da guarda das estradas, dos caminhos e da proteção dos Terreiros ou Tendas de Umbanda.
Tem, também, o poder de fazer as pessoas trocarem o dia pela noite, principalmente os jogadores e as "mariposas".
É o sexto comandado de Exu Calunga (Sirach).

Signo Kabalístico de Exu Tronqueira

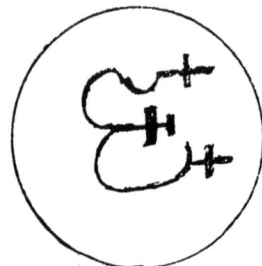

Ponto Cantado

A estrada estava fechada,
Fui ver o que tinha lá;
Estava o Exu Tronqueira,
Guardando tudo por lá.

Silcharde — (Exu das 7 Poeiras)

Esta entidade apresenta-se em forma de "Duende", com roupagem na cor cinza escuro. Tem o poder de fazer com que as pessoas vejam toda a espécie de animais, e a sua guarda também é para as estradas, becos e caminhos nas matas.
É a sétima entidade comandada por Exu Calunga (Sirach).

Signo Kabalístico de Exu das 7 Poeiras

Ponto Cantado

Quando bateu meia-noite,
Que o galo cocoricou, ou!
Na virada lá na serra,
Sete Poeira Chegou, ou!

Ségal — (Exu Gira Mundo)

Na classificação dos comandados por Exu Calunga (Sirach), ocupa este Exu o oitavo lugar. Exerce toda sorte de influência na atividade humana, principalmente sobre os espíritos desencarnados, que ainda não compreenderam o seu estado atual. Esses espíritos são enviados por Exu Gira Mundo (Ségal), para perturbar criaturas humanas, que os médicos da terra declaram obsidiadas.

Ponto Riscado de Exu Gira Mundo

Ponto Cantado

Eu quero vê corrê,
Eu quero vê balanciá,
Chego Exu Gira Mundo
Que vem na Umbanda trabaiá.

Signo Kabalístico de Exu Gira Mundo

Hicpacth — (Exu das Matas)

Na ordem dos comandados do Exu Calunga (Sirach), ocupa este Exu o nono lugar. A ele foi designado o trabalho nas matas, sendo esta a razão do seu nome nos diversos cultos da Magia Negra.

A este Exu solicita-se a proteção, quando uma pessoa amada foi para longe e desejamos a sua volta.

Os trabalhos devem ser feitos em lugares onde exista abundância de árvores, ou seja, nas matas.

Signo Kabalístico de Exu das Matas

Ponto Cantado

Estava perdido na mata,
Na mata fui encontrado;
O caminho foi aberto,
Pelo Exu das Matas.

Ponto Riscado de Exu das Matas

Humots — (Exu das 7 Pedras)

É o Agente Mágico Universal, pois a ele deve ser solicitado toda a espécie de ajuda sobre a Alta Magia, encarregado que é dos "Taros Adivinhatórios", dos "Signos Zodiacais" e "Calendários Esotéricos".

Tem este Exu o poder de transmitir, quando solicitado, todo e qualquer assunto referente à sua jurisdição. É o décimo comandado do Exu Calunga (Sirach).

Signo Kabalístico de Exu das 7 Pedras

Ponto Cantado

Peguei na ponta do lápis,
Comecei a rabiscar;
Sete Pedras estava junto,
E veio me ensinar.

Frucissière — (Exu dos Cemitérios)

Embora não pertencendo à Linha de Omulu, trabalha este Exu, ativamente, nos cemitérios. Tem grande poder de ressuscitar os mortos, e a sua irradiação (tanto para o bem como para o mal), pode curar ou transmitir a "Peste da Varíola".

O Exu dos Cemitérios apresenta-se envolto num manto preto e vermelho, com listas horizontais. Não confundí-lo com o Exu Tiriri (Fleruty), pois, embora trazendo a pele bexigosa, a mesma não é negra.

É conhecido, também, por Exu Coquinho do Inferno.

É o décimo segundo comandado de Exu Calunga (Sirach).

Signo Kabalistico de Exu dos Cemitérios

Ponto Cantado

Coquinho do Inferno,
Arrebenta mirombo;
São da Linha de Congo,
São Calunga de Quilombo.

Guland — (Exu Morcego)

Esta entidade tem o poder de transmitir ou curar, à distância, qualquer espécie de moléstia. Os trabalhos são efetuados na hora grande, isto é, à meia-noite e, geralmente, na Magia Negra, onde são utilizados animais domésticos, tais como, cães, gatos, sapos etc. Após o sacrifício esses animais estão sujeitos a contraírem a raiva (hidrofobia), quando a finalidade desses trabalhos é feita com o propósito de enloquecer algum oponente.

A sua apresentação é a de um enorme morcêgo. É o décimo primeiro comandado de Exu Calunga (Sirach).

Signo Kabalístico de Exu Morcego

Ponto Cantado

Estava amanhecendo,
Vi um morcêgo no ar.
Pedi a proteção,
De nosso Pai Oxalá.

Surgat — (Exu das 7 Portas)

A apresentação deste Exu é na forma de uma nuvem enfumaçada, de cor cinza-preto. É o encarregado de vigiar tudo o que está fechado à chave. Quando solicitado, é capaz de abrir qualquer fechadura ou segredo de cofre.
É o décimo terceiro comandado de Exu Calunga (Sirach).

Signo Kabalístico de Exu das 7 Portas

Ponto Cantado

A porta estava fechada,
Não sabia como abrir.
Pedi ao Exu das 7 Portas,
Que abrisse para mim.

Morail — Exu Sombra (ou das 7 Sombras)

Tem este Exu o poder de tornar invisíveis pessoas e objetos, como também retornar ao seu primitivismo. Grandemente solicitado na Magia Negra, trabalha como Orixá da Umbanda, nos trabalhos de desmanchar malefícios. Apresenta-se na forma de anão. Aprecia suco de folhas com açúcar e cachimbo de barro, com ótimo fumo. Gosta de comer formigas As oferendas devem ser postas perto de formigueiros, de preferência na sombra.

É o décimo quarto comandado de Exu Calunga (Sirach).

Signo Kabalístico de Exu Sombra (ou das 7 Sombras)

Ponto Cantado

Eu vi um formigueiro,
Fui ver se estava lá.
Encontrei Exu das 7 Sombras
E pedi p'ra me ajudar.

Frutimière — (Exu Tranca-Tudo)

A força deste Exu está em conceder, quando solicitado, todo e qualquer tipo de festa, principalmente as grandes bacanais. Como tudo tem seu preço, para que isto aconteça, é necessário, primeiro, oferecer-lhe um banquete.

O seu "amalá" preferido é galo preto, farinha misturada ao azeite de dendê, ovos cozidos e marafo, podendo a oferenda ser depositada em qualquer lugar, que é sempre recebida com grande alegria.

Sua apresentação é na forma de uma anãozinho preto, cujos olhos se assemelham aos das aves noturnas, tais como a coruja, o mocho e outras.

É o décimo quinto comandado de Exu Calunga (Sirach).

Signo Kabalístico de Exu Tranca-Tudo

Ponto Cantado

Bacanal, oi bacanal!
Não vivo sem você!
Vou pedir Exu Tranca-Tudo,
P'ra me favorecê!

Ponto Riscado de Exu Tranca-Tudo

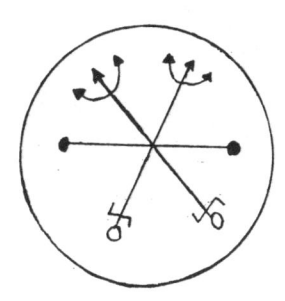

Claunech — Exu da Pedra Negra

    Segundo a Lei Universal, ditada por nosso Pai Amantíssimo, nada permanece em seu estado primitivo; tudo se transforma. Eis a prova indiscutível, que se apresenta aos caros irmãos de fé e demais leitores.
    Estou de pleno acordo com o grande irmão na fé, Aluízio Fontenelle (já desencarnado), que, em estudo aprimorado definiu esta entidade, já com alto grau de elevação espiritual,

porquanto a mesma está dando a sua parcela de cooperação junto à gloriosa Umbanda.

O Exu da Pedra Negra (Claunech), segundo penso, ainda se acha na fase da indecisão, por não haver ainda se libertado dos laços de união com a Quimbanda. Mas, dia virá em que há de trabalhar exclusivamente na gloriosa Umbanda, em benefício dos irmãos carentes de amor e piedade.

"Deus vos abençoe, Caboclo Pedra Negra, cobrindo-vos com o manto da elevação espiritual"!

Apresenta-se o Exu da Pedra Negra na forma de um cavalheiro elegante. É o décimo sexto comandado de Exu Calunga (Sirach).

É grandemente invocado para solucionar os casos financeiros, pois tem grande poder sobre a riqueza, protegendo as pessoas em dificuldades financeiras. Também faz com que sejam descobertos tesouros escondidos.

Seu curiador é vinho tinto, no qual mistura mel de abelha. Gosta de frutas, principalmente de jamelão.

Signo Kabalístico de Exu da Pedra Negra

Ponto Cantado

Não sei o que faço,
Não sei o que resolver,
Estou desesperado,
Estou para morrer.
Exu da Pedra Negra,
Vem me ajudar,
Faz entrar dinheiro,
Para me salvar.

Musifin — (Exu da Capa Preta)

As atribuições deste Exu consistem em fiscalizar todos os caminhos, provocar a desarmonia entre os membros de um Terreiro e derrubar o seu chefe.

Apresenta-se envolto numa capa preta, daí o seu nome. Seu "Amalá" preferido é carne crua, de preferência carne de porco; como curiador o marafo. Grandemente evocado na Quimbanda, possui grande poder maléfico, do estilo de faca de dois gumes, isto é, trabalha tanto para o bem como para o mal, conforme for solicitado.

É o décimo sétimo comandado de Exu Calunga (Sirach).

Signo Kabalistico de Exu da Capa Preta

Ponto Cantado

Com faca de dois gumes,
Não convém brincar.
É o Exu da Capa Preta
Vamos respeitar.

Huictogaras — (Exu Marabá)

Este Exu tem grande poder sobre os fenômenos astrais, principalmente nas fases da lua. Esta entidade não deve ser invocada na força da lua, pois, se o médium não tiver a prática necessária, estará sujeito a ficar tresloucado. Sua força atinge a vários setores, e aceita qualquer trabalho, tanto para curar como para matar. Além do mais, pode irradiar fluidos provocadores do sono em vigias, causando grandes perturbações.

É o décimo oitavo comandado de Exu Calunga (Sirach).

Signo Kabalístico de Exu Marabá

Ponto Cantado

Ele provoca o sono,
Ele pode matar,
Ele é Exu Marabá,
Que veio trabaiá.

E assim, apresentamos os comandados de Exu Calunga (Syrach) em número de dezoito (18) entidades.

A seguir, faremos a apresentação dos comandados de Exu Omulu (ou Omulum), o dono e senhor dos cemitérios. Esta entidade comanda, também, dezoito (18) Exus.

Organograma dos Exus que trabalham sob as ordens de Omulu (ou Omulum)

Omulu (ou Omulum) — Senhor absoluto dos cemitérios

O Estado Maior desta entidade é composto de dois poderosos Exus:

Sergulath (Exu Caveira) e Hael (Exu da Meia-Noite).

Sua apresentação é na forma de um cadáver, envolto num sudário branco, demonstrando, nitidamente, a morte. Sua morada é o Cruzeiro dos Cemitérios. É o mesmo encarregado de zelar pelos corpos ali depositados.

Comanda esta entidade uma das mais poderosas linhas na Quimbanda — a "Linha das Almas", cujo poder maléfico é comparado ao Maioral — Sua Alteza Lúcifer. Por isto, acredita-se ser ele o próprio Lúcifer com manifestação diferente.

Ao entrarmos no cemitério, devemos saudar e pedir licença ao seu supremo mandatário Omulu (ou Omulum) — "Omulu Rei", e também ao Exu Caveira, seu auxiliar direto nesse setor.

Organograma das Falanges de Exus que trabalham sob as ordens de Omulu (ou Omulum)

OMULU ou OMULUM
Dono e Senhor dos Cemitérios

SERGULATH (Exu Caveira)	HAEL (Exu da Meia-Noite)

PRÓCULO (Exu Tatá Caveira) HARISTUM (Exu Brasa) BRULEFER (Exu Maré) PENTAGNONY (Exu Maré) SIDRAGOSUM (Exu Carangola) MINOSUM (Exu Arranca-Tôco) BUCONS (Exu Pagão)	SERGUITE (Exu Mirim) TRIMASAEL (Exu Pimenta) SUSTUGRIEL (Exu Malê) ELEOGAP (Exu das 7 Montanhas) DAMOSTON (Exu Ganga) THARITHIMAS (Exu Kaminaloá) NEL BIROTH (Exu Quirombô)

AGLASIS Exu do Cheiro (Cheiroso)	MERAMAEL Exu Curador

Signo Kabalístico de Omulu (ou Omulum)

Ponto Cantado

Oi saravá, sarava!
O rei Omulu vai chegar,
Ele é o rei,
É rei na Quimbanda,
É o Maioral!

Ponto Riscado de Omulu na "Lei da Quimbanda"

Outro Ponto Cantado de Omulu

Tererê, Tererê, Omulu,
Ego, ego, Omulu
É de pemba Omulu
Tererê, Tererê, Omulu,
Ego, ego, Omulu. (bis) — Ponto de cura.

Outro Ponto Cantado de Omulu

(Proteção para o Terreiro)

Oxalá, meu Pai,
Tem pena de nós,
Tem dó!
A volta do mundo é grande,
Mas teu poder é maior.

Sergulath — (Exu Caveira)

É auxiliar direto de Exu Omulu (ou Omulum), ou ainda Omulu Rei. Comanda 7 (sete) Exus, que indicamos abaixo, além de supervisionar os trabalhos de Exu Aglasis, que comanda 49 (quarenta e nove) Exus:

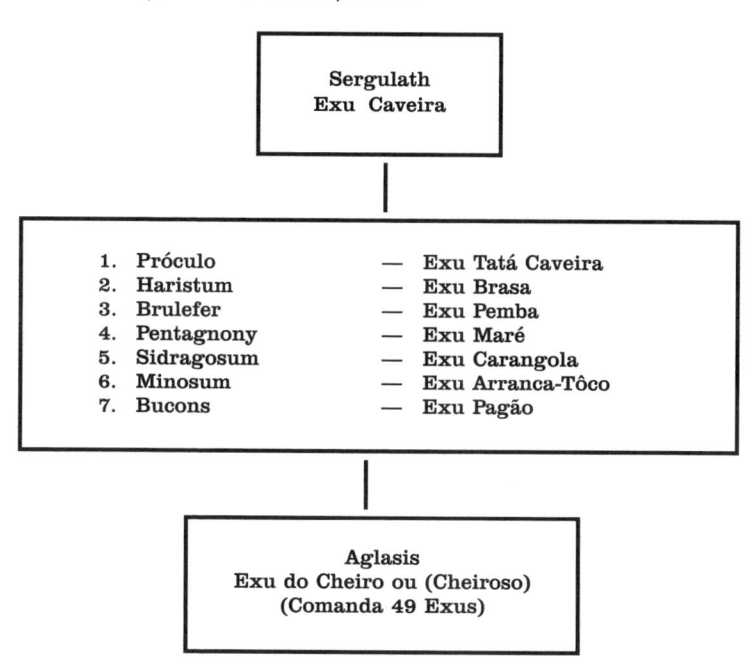

Sergulath
Exu Caveira

1. Próculo	— Exu Tatá Caveira
2. Haristum	— Exu Brasa
3. Brulefer	— Exu Pemba
4. Pentagnony	— Exu Maré
5. Sidragosum	— Exu Carangola
6. Minosum	— Exu Arranca-Tôco
7. Bucons	— Exu Pagão

Aglasis
Exu do Cheiro ou (Cheiroso)
(Comanda 49 Exus)

O Exu Caveira (Sergulath) é, também, encarregado da vigia dos cemitérios. Assim, toda oferenda nesse local deve ser feita ao Exu Caveira (e a outras entidades que se desejar), pois, do contrário, a mesma não surtirá o efeito esperado.

O "amalá" para o Exu Caveira é o seguinte: bife ou carne de porco crua, com farofa e azeite de dendê, acompanhado de marafo (cachaça), vinagre e azeite doce. Deve-se acender 7 (sete) velas. A oferenda deve ser posta dentro do cemitério, perto do "Cruzeiro", do lado esquerdo, numa sepultura preta.

Este Exu apresenta-se na forma de uma caveira, daí o seu nome. Não tem hora certa de se manifestar, podendo fazê-lo de dia ou de noite. Mas, o momento propício para a entrega é a "hora grande", quando sai para a sua ronda costumeira.

O Exu Caveira é possuidor de grandes poderes; favorece-nos e ensina-nos as artimanhas da guerra, a fim de vencermos os nossos inimigos.

Não nos esqueçamos nunca do nosso "saravá" ao Exu Caveira, sempre que entrarmos na sua morada, pedindo licença sempre que oferecermos "presentes" à outras entidades.

Saravá ao Omulu Rei! (O dono dos cemitérios).

Saravá ao Exu Caveira (O encarregado de zelar pelos cemitérios).

Aos demais Exus dessa poderosa Linha: Saravá!

Signo Kabalístico de Exu Caveira

Ponto Riscado de Exu Caveira

Ponto Cantado

Quando vou ao cemitério,
Peço licença p'ra entrar,
Bato com o pé esquerdo,
Prá depois eu "saravá"!
Eu saravo Omulu,
E "Seo" Caveira também,
Assim faço a "obrigação",
Para os filhos do além.

Próculo — (Exu Tatá Caveira)

É o primeiro comandado de Exu Caveira (Sergulath), e apresenta-se na forma de seu chefe. É uma entidade que trabalha mais para o mal, tendo facilidade em corromper todos aqueles que fazem uso de bebidas alcoólicas, drogas, entorpecentes etc.

Ponto Riscado de Exu Tatá Caveira

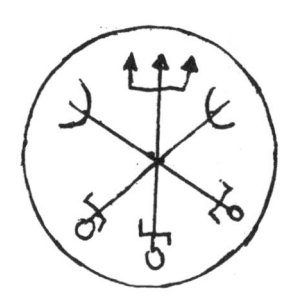

Ponto Cantado

Ancorou, ancorou na calunga,
Olha que eu sou Caveira,
Oh Calunga,
Olha que eu sou João Caveira,
Oh Calunga!

Haristum — (Exu Brasa)

É o segundo comandado de Exu Caveira (Sergulath). Possui completo domínio sobre o fogo e a pólvora. É grandemente invocado na prática da Magia Negra por médiuns — Burros. (Na Quimbanda denomina-se "Burro" ao médium). Os Quimbandeiros fazem, em público, demonstrações de coragem, ingerindo gasolina. Tive ocasião de assistir em circos e teatros os Quimbandeiros ingerirem gasolina, assoprarem labaredas, andarem sobre brasas com os pés descalços, sem nada lhes acontecer; vi-os; também, brincarem com brasas, jogando-as para cima e aparando-as com a boca, deitarem sobre cacos de vidro e mandarem até sete pessoas treparem sobre eles, tudo isto sem nada lhes acontecer.

Tudo isto eu presenciei e não fiquei impressionado. Com um deles estabeleci o seguinte diálogo!

— O senhor é Médium Quimbandeiro?

— Sim, — disse sorrindo — senti vibração logo que o senhor entrou aqui — Depois indagou:

— O senhor trabalha na nossa Banda?

— Sim, — respondi-lhe — trabalho com a ajuda da gloriosa Umbanda na prática do bem.

O Médium Quimbandeiro limitou-se a sorrir. Naquele momento recebi vibrações e disse-lhe que a sua Gira não era mais forte do que a minha, e que não me deixava enganar, estando certo de que ele trabalhava incorporado com o Exu Brasa.

Ouvindo isto, o Médium dirigiu-se para mim e, num instante, fique incorporado. Fazendo a sua saudação, cruzando os braços de mão fechada, retirou-se continuando os seus trabalhos.

Saravá Exu Brasa! Apreciei muito aquele trabalho.

O Exu Brasa (Haristum) apresenta-se trajando um manto vermelho, forrado de preto. Seu curiador é marafo (cachaça) com sumo de pimenta. Nos trabalhos costuma pedir "Fundanga" ou "Fundunga" (pólvora), acendendo a mesma com o seu próprio charuto, pois, com a explosão há deslocamento, desprendendo-se os "miasmas" (cargas de más influências), purificando o ambiente.

O "trabalho" aqui narrado deu-se em Curitiba no Paraná, no Parque Verde.

Ponto Riscado de Exu Brasa

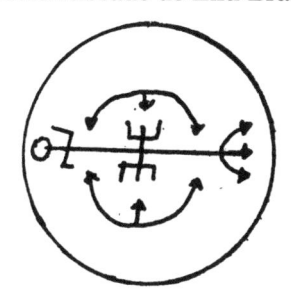

Ponto Cantado

Ó meu senhor das armas!
Só voa quem tem asa,
Eu me chamo Exu,
Eu é Exu Brasa.

Brulefer — (Exu Pemba)

Este Exu é o terceiro comandado de Exu Caveira (Sergulath). Sua apresentação é a de um verdadeiro Mago. Trabalha quase que exclusivamente na Magia Negra. Suas especialidades são transmitir doenças venéreas e facilitar amores clandestinos.

Ponto Riscado de Exu Pemba

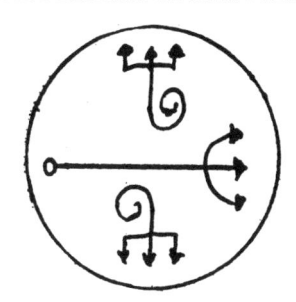

Ponto Cantado

Pia a cobra no cercado
Quando Exu vem trabaiá,
Salve Exu da Pemba Preta,
Que tá aqui p'ra demandá.

Pentagnony — (Exu Maré)

É o quarto comandado de Exu Caveira (Sergulath). Apresenta-se como uma pessoa normal, e seus poderes são de transportar objetos de um lugar para outro, ou a invisibilidade de seres humanos.

Aceita qualquer trabalho. Suas oferendas devem ser depositadas nas praias. Quanto à bebida (curiador), não tem preferência, podendo ser vinho, cerveja, marafo, conhaque etc.

É o intermediário das grandes amizades, de realizações e viagens.

Ponto Riscado de Exu Maré

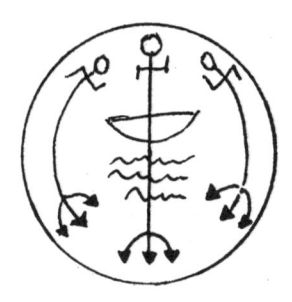

Ponto Cantado

Na beira da praia,
Deram um grito de guerra.
Escutai cá na terra!
O que é, o que é!?
É o povo Quimbandeiro,
Que vem lá do lôdo,
Exu Maré! Exu Maré!

Sidragosum — (Exu Carangola)

É o quinto comandado de Exu Caveira. Muito invocado na Magia Negra, porquanto o mesmo comanda os rituais e ritmos Kabalísticos, fazendo com que as pessoas dancem e dêem gargalhadas histéricas. Aprecia bebidas ácidas, não desprezando o marafo. Seus despachos podem ser feitos nos cemitérios ou nas encruzilhadas.

Ponto Riscado de Exu Carangola

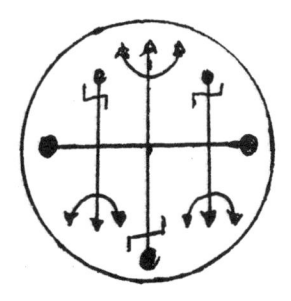

Ponto Cantado

Ó meu senhor das armas,
Eu é fio de Angola!
Eu é Exu,
Exu Carangola

Minosum — (Exu Arranca-Toco)

É o sexto comandado do Exu Caveira. Não devemos confundí-lo com o "Caboclo Arranca-Toco", da Linha de Oxóssi.

O Exu Arranca-Toco possui força sobrenatural sobre as riquezas, podendo facilitar a descoberta de tesouros enterrados a quem solicitar os seus trabalhos.

Ponto Riscado de Exu Arranca-Toco

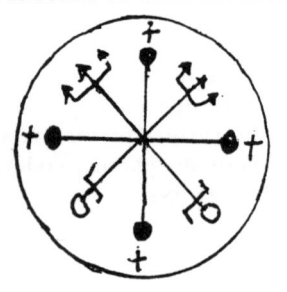

Ponto Cantado

Quando eu piso em gaio sêco,
Curimbando lá nas mata,
O meu chefe é maiorá!
Meu trabaio não é pôco,
Sou Exu na minha gira,
Meu nome é Arranca-Toco. (bis)

Bucons — (Exu Pagão)

É o sétimo comandado de Exu Caveira. Esta entidade é muito solicitada na prática da Magia Negra, pois, sua força e modalidade de trabalho fazem com que a dúvida seja acentuada no setor amoroso, provocando separações ou uniões ilícitas. Seu curiador difere dos demais, pois só bebe leite.

Ponto Riscado de Exu Pagão

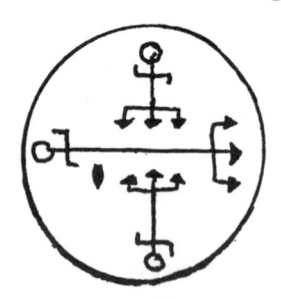

Ponto Cantado

Ó meu senhor das armas,
Não me diga que não!

Eu é Exu,
Eu é Exu Pagão!

Aglasis — Exu do Cheiro ou Cheiroso

Esta é uma poderosa entidade, pertencente à Linha de Omulu, porém, supervisionada por Exu Caveira (Sergulath). Apresenta-se na forma de uma criatura humana, coberta por uma camada fluídica. Em suas manifestações, conforme o trabalho, exala bom ou mau cheiro.

Seu curiador é bebida feita de essências de plantas aromáticas; não aceita o marafo, de forma alguma.

Comanda uma poderosa Falange de 49 Exus. Seu lugar preferido para os "trabalhos" é em jardins, ou lugares onde existam flores campestres.

Signo Kabalístico de Exu do Cheiro ou Cheiroso

Ponto Cantado

Canta o galo no terreiro,
O meu chefe é o maiorá!
Frô do mato não tem cheiro,
Quando Exu vem trabaiá,
Eu me chamo Exu do cheiro,
Gira o toco no girá!
Minha chefe no Terreiro,
É Exu Rei, o Maiorá!

Hael — Exu da Meia-Noite

Esta entidade é auxiliar direto de Exu Omulu (ou Omulu), ou ainda Omulu Rei. Comanda sete Exus e ainda supervisiona os trabalhos de Exu Meramael, que é conhecido na Quimbanda como "Exu Curadô".

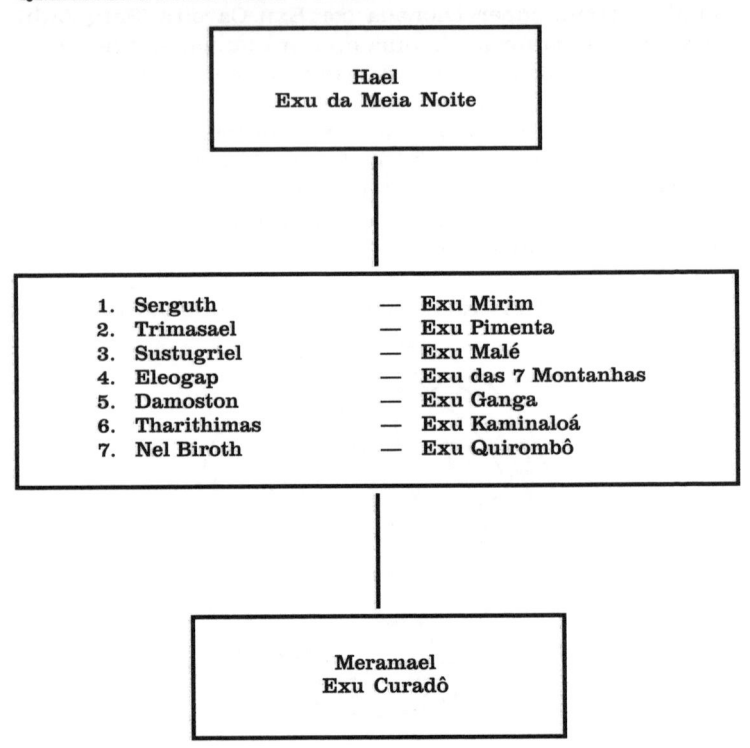

```
┌─────────────────────────────┐
│           Hael              │
│     Exu da Meia Noite       │
└─────────────────────────────┘
```

1. Serguth	— Exu Mirim
2. Trimasael	— Exu Pimenta
3. Sustugriel	— Exu Malé
4. Eleogap	— Exu das 7 Montanhas
5. Damoston	— Exu Ganga
6. Tharithimas	— Exu Kaminaloá
7. Nel Biroth	— Exu Quirombô

```
┌─────────────────────────────┐
│         Meramael            │
│        Exu Curadô           │
└─────────────────────────────┘
```

O Exu da Meia-Noite (Hael) é, também, encarregado de ensinar e decifrar quaisquer idiomas ou caracteres. Apresenta-se na forma de "Satanás", com vestimenta quase idêntica, não dispensando o uso da capa preta e sendo reconhecido por seus olhos de fogo e pés de cabra. Da sua preferência em trabalhar na "hora grande" (meia-noite), surgiu o seu nome. Por esta razão, todos os Centros e Tendas espíritas costumam esperar, no mínimo cinco minutos após a meia-noite, para encerrar os seus trabalhos, devido a ronda que esse poderoso Exu faz nessa determinada hora.

Signo Kabalístico de Exu da Meia-Noite

Ponto Cantado

Exu da Meia-Noite,
Exu da encruzilhada.
Salve o povo de aruanda!
Sem Exu não se faz nada

Serguth — Exu Mirim

É o primeiro comandado de Exu da Meia-Noite. Sua apresentação é na forma de uma criança endiabrada, misturando-se em trabalhos ou festas, dedicados exclusivamente aos Ibejis, causando transtornos aos chefes de Terreiros. A sua atuação em trabalhos maléficos produz efeitos aterrorizantes, os quais nenhum outro Exu poderá desmanchar nem deles participar, pois, segundo a lei férrea da Quimbanda, eles são invulneráveis por serem consideradas normais as traquinagens dos Exus mirins.

Assim, somente eles próprios podem desmanchar os seus trabalhos maléficos, aos quais consideram brincadeira. A única maneira de se abrandar a fúria dos Exus Mirins, é presenteá-los com brinquedos e doces, anulando, desta forma, suas ações nefastas.

O Exu Mirim e sua poderosa Falange apreciam todas as guloseimas. Seu curiador é guaraná e licores açucarados.

Ponto Riscado de Exu Mirim

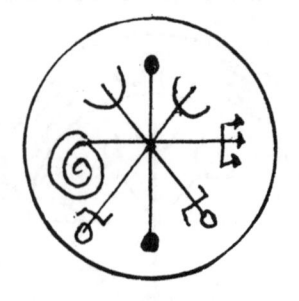

Ponto Cantado

Ó meu senhor das armas,
Não faça pouco de mim!
Eu é tão pequenino,
Eu é Exu Mirim.

Trimasael — Exu Pimenta

É o segundo comandado de Exu da Meio-Noite (Hael). Grande conhecedor da liga dos metais e da química em geral. Apresenta-se como um verdadeiro Mago, envolvido por uma camada de vapores químicos. Sua presença é notada pelo forte cheiro da pimenta. Seu curiador varia desde o marafo até às bebidas mais finas.

Ponto Riscado de Exu Pimenta

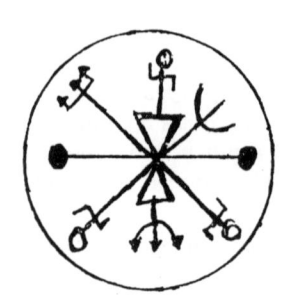

Ponto Cantado

Todo mundo quer,
Mas só Umbanda é que aguenta
Chega, chega no Terreiro,
Chega, chega Exu Pimenta.

Sustugriel — Exu Malé

É o terceiro comandado de Exu da Meia-Noite. Comanda uma poderosa Falange de Exus sendo muito invocado na prática de bruxarias em trabalhos realizados no Ritual "Candomblé".

Apresenta-se na forma de um Preto-Velho, e em suas manifestações exala forte odor de enxofre. Fuma cachimbo ou charuto, e seu curiador é vinho ou marafo.

Ponto Riscado de Exu Malê

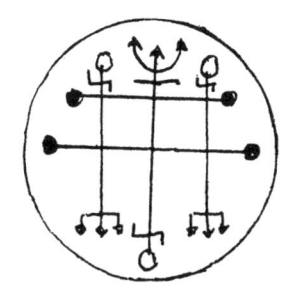

Ponto Cantado

Risca pemba no Terreiro ê, ê, ê!
Galo preto nas encruzas, ê, ê, ê!
Nesta banda ou qualquer banda, ê, ê, ê!
Só quem pode com mandinga ê, ê, ê!
É Exu, Exu Malê!

Eleogap — (Exu das 7 Montanhas)

É o quarto comandado de Exu da Meia-Noite. Na Magia Negra a sua jurisdição de trabalhos está nas águas dos rios, das cachoeiras, e oriundas dos morros e montanhas.

Sua apresentação é com roupagem de cor esverdeada, semelhante à do lôdo. Sua presença é notada pelo forte cheiro de podridão. Aprecia um bom charuto e seu curiador é marafo.

Ponto Riscado de Exu das 7 Montanhas

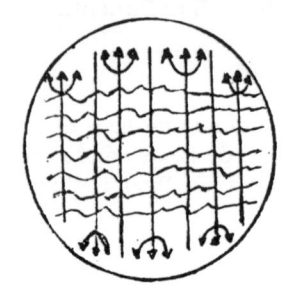

Ponto Cantado

No alto das sete serras,
Eu botou minha campanha.
Saravá minha Quimbanda!
Chegou Exu Sete Montanhas.

Damoston — (Exu Ganga)

É o quinto comandado de Exu da Meia-Noite. Possui alto poder maléfico. Seus trabalhos são feitos exclusivamente nos cemitérios, tanto para o bem quanto para o mal, podendo o mesmo curar ou matar, conforme solicitação.

Apresenta-se com roupagem cinza e preta, sendo sua presença notada pelo forte cheiro de carne podre.

Ponto Riscado de Exu Ganga

Ponto Cantado

Exu é ganga, Exu ganga é,
Minha pai é filho de ganga,
Exu é ganga, Exu ganga é.

Tharithimas — (Exu Kaminaloá)

É o sexto comandado de Exu da Meia-Noite. Seus trabalhos são quase idênticos aos de seu companheiro Exu Ganga (Damoston), havendo diferença apenas na sua apresentação quanto à roupagem; aparece com traje de cor vermelho vivo.

O Exu Kaminaloá comanda a Linha Mossurubi, sendo seus despachos, também, feitos exclusivamente nos cemitérios.

Ponto Riscado de Exu Kaminaloá

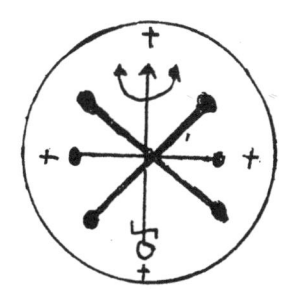

Ponto Cantado "Cruzado" — (Exu Ganga e Kaminaloá)

Pisa no tôco, pisa no gaio,
Segura o tôco senão eu caio.
Oh Ganga! Ele, ele é Exu,
Pisa no tôco de um gaio só.

Nel Biroth — (Exu Quirombô)

É o sétimo comandado de Exu da Meia-Noite. Seus trabalhos são idênticos aos do Exu Mirim (Serguth), porém, sua preferência está em induzir mocinhas à prostituição.

Apresenta-se em forma feminina, para melhor resultado de seus trabalhos, embora possa modificar-se para o sexo oposto. É muito invocado na Magia Negra por homens sem escrúpulos, a fim de obter o amor pecaminoso e arrastar para a lama jovens inocentes.

Seu curiador é sangue de galinha. Gosta de adornos e de cores berrantes.

Ponto Riscado de Exu Quirombô

Ponto Cantado

Papai, olha oh! Quirombô gira!
Samba lêlê, oh! Quirombô!
Olha o Quirombô gira!
Olha o Quirombô gira!
Samba lêlê, oh! Quirombô!

Meramael — (Exu Curado)

Esta poderosa entidade pertence à Linha de Omulu, mas é supervisionada por Exu da Meia-Noite (Hael).

Profundo conhecedor de todas as doenças humanas, receita remédios com invulgar sabedoria, principalmente plantas medicinais e ervas.

Somente ao Exu Curado devemos recorrer em casos de doenças, porquanto jamais se engana nos diagnósticos e nas receitas.

Apresenta-se na forma humana, pretendendo, às vezes, passar por Preto-Velho. Fuma cachimbo e charuto, e seu curiador é marafo com mel de abelha.

Signo Kabalístico de Exu Curado

Ponto Cantado

Em Terreiro de Umbanda,
Exu vem saravá!   (bis)
Si Preto-Velho é dotô,
Eu é Exu Curado!   (bis)

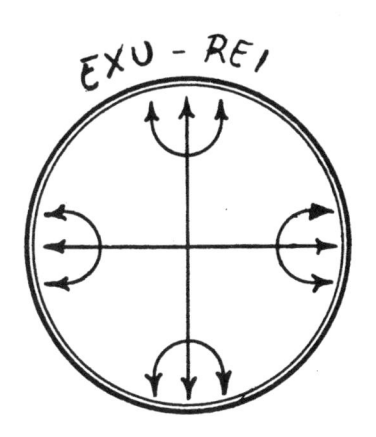

EXU DA MEIA NOITE

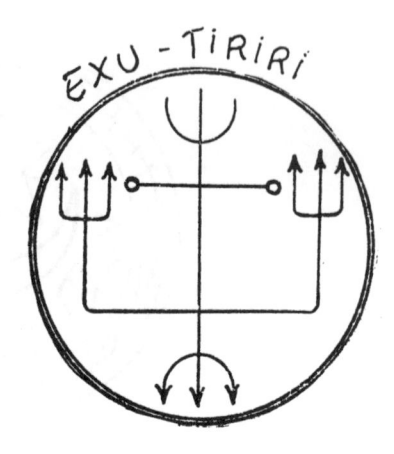

EXU - TIRIRI

EXU - MARABÔ

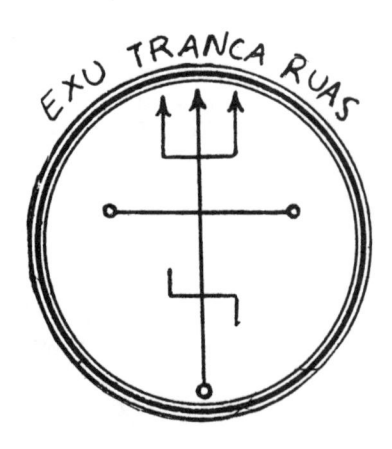

EXU TRANCA RUAS

Linhas da Quimbanda

Com referência às Linhas da Quimbanda ou "Segunda Linha", eis as suas denominações, cabendo frisar que cada exército dessas Linhas tem um setor distinto, e também, maneiras diferentes de trabalhos e apresentações:

Linha das Almas	comandada por Exu Omulu
Linha Nagô...................................	comandada por Exu Gererê
Linha Mista..................................	comandada por Exu das Campinas
Linha dos Cemitérios	comandada por Exu Caveira
Linha Mossurubi...........................	comandada por Exu Kaminaloá
Linha Malei	comandada por Exu Rei
Linha dos Caboclos Quimbandeiros	comandada por Exu Pantera Negra

Linha das Almas

Apresenta-se com 7 Falanges de espíritos, com unhas em forma de garras, dois cornos, orelhas longas e pontudas, pelos cuja cor cinza escuro espalha-se por todo o corpo. É uma linha que exige todo o respeito; ao entrarmos num cemitério, devemos saudar e pedir licença ao Rei Omulu bem como ao Chefe dos Cemitérios — Exu Caveira (Sergulath).

Linha Nagô

É uma linha composta de espíritos sempre desejosos de praticar o mal, sendo tão grande o seu atraso que só vivem nas trevas, desconhecendo a luz. Forma 7 Falanges cognominadas de Gangas.

Linha Mista

É uma Linha formada por diversas raças, cujos espíritos obedecem ao que lhes é ordenado, mas sempre para o mal, pois, sua especialidade é provocar doenças incuráveis por médicos terrenos. Forma 7 Falanges.

Linha dos Cemitérios

Sua apresentação é sob a forma de esqueletos. Trabalha para o mal, sendo sua especialidade provocar a lepra, o câncer, a tuberculose e doenças do cérebro. Forma 7 Falanges.

Linha Mossurubi

É uma Linha formada por Pretos, com penas na cabeça e na cintura, argolas nos lábios, orelhas e braços. Trabalha para o mal, provocando doenças mentais. Composta de 7 Falanges.

Linha Malei

Sua característica é trazer consigo uma espada e um tridente. Os elementos desta Linha são envolvidos por uma luz vermelha sem brilho, principalmente na cabeça. São exímios em provocar vícios, os mais diversos; provocam a impotência nos homens e levam a discórdia nos lares. Composta de 7 Falanges.

Linha dos Caboclos Quimbandeiros

É uma Linha formada por índios americanos. Fazem os mais diversos malefícios. No entanto, se solicitados por entidades poderosas da nossa gloriosa Umbanda, atendem as ordens e praticam a caridade. É formada de 7 Falanges.

Sua Alteza Lúcifer e seu Estado Maior

Segundo alguns autores, o Estado Maior de Sua Alteza Lúcifer é composto de 45/47/49/54 elementos, com o que estou de pleno acordo.

Mas, se os meus irmãos Umbandistas e meus primos Quimbandeiros e Quiumbandeiros verificarem e estudarem o meu Organograma, irão verificar que o número que apresento é maior do que o dos demais autores, ou seja 58. Esclareço, no entanto, tratar-se de cargos e não de elementos, devido haver membros que acumulam funções. Eis alguns exemplos para melhor compreensão dos fatos:

Exu Caveira (Sergulath)

Esta entidade está sob as ordens de Exu Omulu, mas comanda a Linha dos Cemitérios. Sob as ordens de Omulu o Exu Caveira comanda 8 Exus e, independente disto, a sua Linha tem milhões de Exus.

Exu Kaminaloá (Tharithimas)

Esta entidade recebe ordens de Exu da Meia-Noite (Hael), que comanda 8 Exus; este, por sua vez, recebe ordens de Exu Omulu. Pois bem. O Exu Kaminaloá é chefe da Linha Mossurubi, com milhões de Exus sob as suas ordens.

Exu Omulu (ou Omulum) — ou Omulu Rei

Esta entidade comanda 18 Exus, e ainda é chefe da Linha das Almas, com milhões de Exus subordinados a ela.

Exu Rei

É o próprio Lúcifer, comandante supremo de todas as forças e de todas as Linhas, Falanges e grupos. É chefe da mais poderosa das Linhas — a Linha Malei, com milhões de Exus sob as suas ordens.

O Estado Maior de Sua Alteza Lúcifer é composto de 6 ministros e de 2 auxiliares, os quais transmitem as ordens às demais Linhas.

Assim temos:
Sua Alteza o Maioral — 1 (uma apresentação)
Ministros — 6 (seis)
Aux. dos Ministros — 2 (duas)

Total — 9 (nove) cargos para o Estado Maior

O Reino dos Exus é composto de 7 Linhas. Cada Linha com 7 Falanges. Assim temos 7 x 7 = 49 cargos, ou seja:
Linhas e Falanges — 49 cargos
Estado Maior — 9 cargos

Total — 58 cargos

ANALISE GERAL

Sabem os irmãos Umbandistas, primos Quimbandeiros e Quiumbandeiros, que o Reino dos Exus é um verdadeiro Império nas Galáxias do Universo.

Eis porque, para ser mantida a ordem, é necessário haver um Alto Comando e um poderoso exército. Não poderíamos admitir que grupos isolados pudessem conseguir tal objetivo. Por este motivo, existe a formação das Linhas na Quimbanda e poderosos exércitos, com diferentes setores de trabalhos, subdivididos em Falanges, Sub-Falanges e Grupos, e ainda os bandos desorganizados dos Quiumbas em sua fase primitiva.

Assim, após vários estudos, consultando vários Orixás da Quimbanda, confirmamos a sua organização, para a qual procuro orientar meus irmãos e primos, para que possam ensinar a verdadeira constituição do Poderoso Reino dos Exus, que têm à frente dos seus exércitos Sua Majestade Real Lúcifer.

Saravá à Sua Majestade!
Saravá aos seus Ministros!
Saravá aos seus auxiliares diretos!
Saravá à todas as Linhas, Falanges,
Grupos e Bandos isolados!

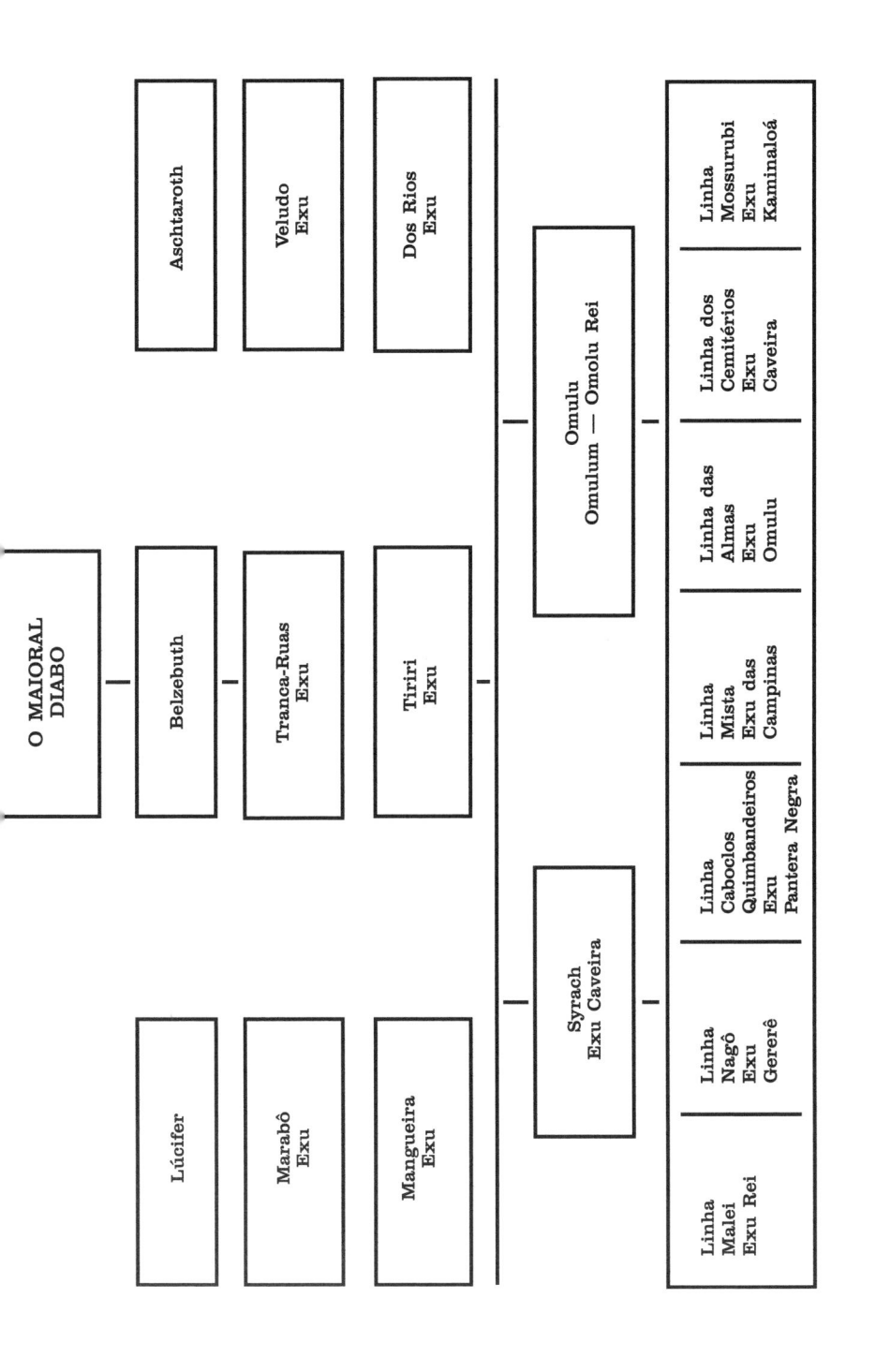

```
                          ┌─────────────┐
                          │ O MAIORAL   │
                          │   DIABO     │
                          └──────┬──────┘
         ┌───────────┬───────────┼───────────┬───────────┐
   ┌─────┴─────┐ ┌───┴───┐ ┌─────┴─────┐ ┌───┴───┐ ┌─────┴─────┐
   │  Lúcifer  │ │Belze- │ │ Aschtaroth│ │       │ │           │
   │           │ │ buth  │ │           │ │       │ │           │
   └───────────┘ └───┬───┘ └───────────┘ └───────┘ └───────────┘
                     │
   ┌───────────┐ ┌───┴─────┐ ┌───────────┐
   │  Marabô   │ │Tranca-  │ │  Veludo   │
   │   Exu     │ │Ruas Exu │ │   Exu     │
   └───────────┘ └───┬─────┘ └───────────┘
                     │
   ┌───────────┐ ┌───┴───┐ ┌───────────┐
   │ Mangueira │ │Tiriri │ │  Dos Rios │
   │   Exu     │ │  Exu  │ │    Exu    │
   └───────────┘ └───┬───┘ └───────────┘
            ┌────────┴────────┐
     ┌──────┴──────┐   ┌──────┴──────┐
     │   Syrach    │   │   Omulu     │
     │ Exu Caveira │   │Omulum — Omolu Rei│
     └──────┬──────┘   └──────┬──────┘
```

Syrach — Exu Caveira:

Linha Malei Exu Rei	Linha Nagô Exu Gererê	Linha Caboclos Quimbandeiros Exu Pantera Negra	Linha Mista Exu das Campinas

Omulu — Omulum — Omolu Rei:

Linha das Almas Exu Omulu	Linha dos Cemitérios Exu Caveira	Linha Mossurubi Exu Kaminaloá

Linhas da Quimbanda

Sempre com o propósito de ser justo, não poderia deixar de lado o valor merecido de cada Linha da Quimbanda, que são poderosos exércitos com a sua formação austera, que tudo fazem por seus chefes, obedecendo-os cegamente.

A Quimbanda tem sete Linhas, cada uma com um Orixá chefe. Cada Linha é composta de sete Falanges, cada Falange composta de sete sub-Falanges, cada sub-Falange composta de sete Grupos, cada grupo composto de sete bandos, e finalmente, os serra-filas que acompanham as Linhas por todos os lados, os famigerados Quiumbas.

É a seguinte a composição dos seus chefes para cada Linha na Quimbanda: cada Linha é composta de 7 Falanges, tendo o chefe supremo da Linha e mais 7 chefes de Falanges.

Cada Falange é composta de 7 sub-Falanges, isto é, o chefe da Falange e mais 7 chefes das sub-Falanges.

Cada sub-Falange é composta de 7 Grupos; há o chefe da sub-Falange e sete chefes de Grupos.

Cada Grupo é composto de sete bandos; com o chefe do grupo e mais sete chefes de bandos.

Há, ainda, os agrupamentos de Quiumbas, sem organização, na sua fase primitiva.

Assim, quando precisamos do auxílio de alguma entidade do Reino dos Exus, deveremos recorrer ao Alto Comando, ou aos Chefes de Linhas, pois, deste modo estaremos protegidos por milhões de Exus do nosso lado; teremos o seu exército e seu Estado Maior para planificar as maneiras de agir e de defender os seus aliados.

> Salve as 7 Linhas da Quimbanda!
> Salve o Estado Maior de cada Linha!
> Salve todo o exército de Sua Alteza!

COMENTÁRIOS SOBRE O NOSSO TRABALHO

Ao término da parte da Constituição do Alto Comando no Reino dos Exus, devo explicar não ter havido a intenção de suscitar polêmicas.

No entanto, em face da importância do assunto, sei que a polêmica é inevitável. Mas, o que parece ser um mal pode resultar num bem, pois, "da discussão nasce a luz".

No começo dos meus estudos da parte religiosa, contentava-me com pequenas explanações, mas com o tempo aqueles estudos se tornaram insuficientes, e senti a necessidade de aprofundar mais o assunto. E assim, através de cuidadosas pesquisas, fui compreendendo melhor, fazendo as minhas deduções, para atingir meu propósito que é tão-somente o de esclarecer, de trazer maiores luzes em torno de tão importante assunto, jamais com a idéia de menosprezar quem quer que seja, porquanto acredito que cada um ao nascer, já traz consigo a trajetória a seguir.

Nunca foi a minha intenção provocar celeumas no seio da comunidade, a qual dispenso todo carinho e respeito. Mas, a verdade deve ser proclamada, a fim de fazer despertar em outros irmãos a vocação espiritual.

Não me considerando especialistas no assunto, estou certo de que outros surgirão com maiores conhecimentos e melhores esclarecimentos, sempre em benefício da nossa gloriosa Umbanda. Acredito, porém, que precisamos conhecer os dois lados da questão para podermos caminhar sempre pela estrada do bem que nos leva ao Supremo Criador. Minha tese pode ser considerada audaciosa, mas, foi o impulso do astral que me conduziu até o meu objetivo, para que a constituição fosse apresentada, não em parte, mas no todo.

Assim, humildemente apresento aos irmãos e amigos leitores o meu trabalho, aproveitando para alertar àqueles que costumam discordar sem maiores cuidados, que examinem bem os conceitos aqui emitidos, pois, para discordar, é preciso fazê-lo com segurança, com fundamento, permitindo que a religião continue avançando com a Luz da Verdade.

"Maleme" a todos os escritores, Babalaôs e Pais-de-Santo!

Uma vez mais, esclareço que nunca tive a intenção de menosprezar nem de ferir ninguém, mas apenas o propósito sublime de manter acesa a chama da Verdade para o progresso da nossa querida Umbanda, que caminha com passos de gigante na galáxia Universal.

Nas minhas pesquisas para a feitura deste trabalho, muitas e muitas Luas foram necessárias, muitas consultas elaboradas aos membros do Alto Comando dos Exus, e assim, vou atingindo a minha meta com toda a humildade de Pai-de-Santo que sou.

Que Oxalá cubra a todas as entidades que me assistiram na elaboração deste trabalho, com o manto branco da elevação espiritual!

Linhas Paralelas

A Umbanda e a Quimbanda são duas Linhas Paralelas, que nunca se encontram, mas, os elementos da Quimbanda procuram se elevar espiritualmente. Mesmo assim a diretriz da Quimbanda permanece com suas Leis opostas da Umbanda, não deixando, porém, de manter correspondência com as Linhas da Umbanda.

Assim, temos os intermediários que nada mais são que empregados servindo aos patrões.

A correspondência com a Linha de Oxalá é feita pelos seguintes Exus:

Exu Sete Encruzilhada	—	(com o Caboclo Urubatão)
Exu Sete Cruzes	—	(com o Caboclo Guarany)
Exu Sete Chaves	—	(com o Caboclo Aimoré)
Exu Sete Pembas	—	(com o Caboclo Ubiratan)
Exu Sete Capas	—	(com o Caboclo Tupy)
Exu Sete Poeiras	—	(com o Caboclo Guaracy)
Exu Sete Ventanias	—	(com o Caboclo Ubirajara)

A correspondência com a Linha de Ogum é feita pelos seguintes Exus:

Exu Limpa-Trilhos	—	(para Ogum Megê)
Exu Tira Teimas	—	(para Ogum Matinada)
Exu Tranca-Ruas	—	(para Ogum da Lei)
Exu Veludo	—	(para Ogum Rompe-Mato)
Exu Tira-Toco	—	(para Ogum Beira Mar)
Exu Porteira	—	(para Ogum Malê)
Exu Tranca-Gira	—	(para Ogum Iara)

A correspondência com a Linha de Oxóssi é feita pelos seguintes Exus:

Exu Marabô	—	(e o Caboclo Arranca-Toco)
Exu Capa Preta	—	(e o Caboclo Cobra Coral)
Exu Bauru	—	(e a Cabocla Jurema)
Exu da Matas	—	(e o Caboclo Pena Branca)
Exu Campina	—	(e o Caboclo Arruda)
Exu Lonan	—	(e o Caboclo Guiné)
Exu Pemba	—	(e o Caboclo Arariboia)

A correspondência com a Linha de Xangô é feita pelos seguintes Exus:

Eu Gira-Mundo	—	(com o Xangô-Kaô)
Exu Ventania	—	(com o Xangô Sete Pedreiras)
Exu Mangueira	—	(com o Xangô da Pedra Branca)
Exu Pedreira	—	(com o Xangô Agodô)
Exu Calunga	—	(com o Xangô Sete Cachoeira)
Exu Meia-Noite	—	(com o Xangô da Pedra Preta)
Exu Corcunda	—	(com o Xangô Sete Montanhas)

A correspondência com a Linha de Iorimá dos Pretos-Velhos, é feita pelos seguintes Exus:

Exu Pinga-Fogo	—	(para o Pai Guiné)
Exu Come-Fogo	—	(para o Pai Tomé)
Exu Bara	—	(para o Pai Joaquim)
Exu Brasa	—	(para o Pai Arruda)
Exu do Lodo	—	(para o Pai Congo de Aruanda)
Exu Caveira	—	(para a Tia Maria Conga)
Exu Alebá	—	(para o Pai Benedito)

A correspondência com a Linha de Iemanjá é feita pelos seguintes Exus:

Exu Pomba-Gira	—	(e a Cabocla Iara)
Exu Maré	—	(e a Cabocla Inhassã)
Exu Nanguê	—	(e a Cabocla Indaiá)
Exu Carangola	—	(e a Cabocla Estrela do Mar)
Exu do Mar	—	(e a Cabocla Oxum)
Exu Maria Padilha	—	(e a Cabocla Sereia do Mar)
Exu Gererê	—	(e a Cabocla Nanã Burucu)

A correspondência com a Linha de Eyori dos Ibejis é feita pelos seguintes Exus:

Exu Tiriri	—	(com Tupanzinho)
Exu Lalu	—	(com Doum)
Exu Manguinho	—	(com Damião)
Exu Veludinho	—	(com Cosme)
Exu Ganga	—	(com Yari)
Exu Mirim	—	(com Yariri)
Exu Toquinho	—	(com Ori)

Apresentamos, assim, a relação dos correspondentes da Quimbanda que mantem ligação com a nossa gloriosa Umbanda.

Como abrir um Trabalho de Quimbanda

Em primeiro lugar, o trabalho deve ser aberto com a gloriosa Umbanda. Chama-se a Linha que vai trabalhar na Umbanda, ou várias Linhas, deixando uma para encerrar os trabalhos. E assim, estamos protegidos com as entidades da Umbanda.

Canta-se o Ponto de Subida, e faz-se um intervalo de dez minutos. Findo o intervalo, dá-se início aos trabalhos da Quimbanda.

    Salve a Umbanda!
    Salve a Quimbanda!
    Salve quem vai trabalhar!
    Salve o Ponto de Descida!

Ponto de Exu Tranca-Ruas

Desci, desci,
A Umbanda me chamô,
Na minha banda eu sou maior,
E Oxalá ainda é maior!

Outro Ponto

Eu nasci na minha Quimbanda,
Foi a Umbanda que mandou me chamar,
Agüenta o Ponto filhos de Umbanda,
Deixa o Pai de cabeça descer!

Exu Tranca-Ruas — (Ponto de Chamada)

Estava dormindo,
Curimbanda mi chamô,

Alivanta minha gente,
Tranca-Ruas já chegô! (bis)

Ponto de Omulu

Oi saravá, saravá!
O Rei Omulu vai chegar.
Ele é Rei,
É Rei na Quimbanda,
É o Maioral.

Ponto de Exu Veludo

Comigo ninguém pode,
Mas eu pode com tudo,
Na minha encruzilhada,
Eu é Exu Veludo!

Ponto de Exu Pomba-Gira

Exu fêz uma casa,
Com Sete portas,
Com Sete janelas.
Exu não precisa de casa,
É Pomba-Gira quem vai morar nela.

Ponto de Exu Mirim

Ó meu senhor das armas,
Não faça pouco de mim!
Eu é tão pequenino,
Eu é Exu Mirim!

Ponto de Subida para todos os Exus

Na Umbanda eu trabalhei,
A Umbanda me chamô,
Vou embora p'ra minha Quimbanda,
Que a minha Quimbanda me chamô!

Logo após a subida dos Exus, "saravá", às entidades que trabalharam, e dá-se por encerrado o trabalho de Quimbanda.

E para o encerramento dos trabalhos espirituais, chama-se a Umbanda, a Linha de Iemanjá ou Ibejis, para a limpeza e amparo de todos os membros da corrente.
Canta-se o Ponto de Descarga.

> Descarrega, descarrega,
> Todo o mal que aqui está.
> Leva, leva, leva,
> Tudo p'ro fundo do mar.

Canta-se o Ponto de Subida da Linha que estiver trabalhando: Iemanjá ou Ibejis.

Cosme e Damião — (Ponto de Subida)

> Brilhou a estrela no céu,
> Já chegou o São Miguel,
> Vai levar as criancinhas:
> Réo, réo, réo.

Iemanjá — (Ponto de Subida)

> Iemanjá, oi Iemanjá,
> Iemanjá, oi Iemanjá,
> São os anjinhos do céu,
> Que vieram te chamar,
> Já foi, já foi Iemanjá,
> Com os anjinhos p'ro céu.

E, com uma prece encerramos os nossos trabalhos.

TRABALHO DE RETORNO

Esse trabalho é para a devolução do mal que nos possam enviar.

Para fazer o retorno compra-se, em primeiro lugar, um copo branco e uma vela. Depois, atrás da porta de entrada, coloca-se o copo com água e acende-se a vela ao contrário; reza-se um Pai Nosso e depois diz-se: "Esta vela acesa pelo inverso, é para que todo o malefício a mim enviado retorne a quem me enviou; entrego este trabalho à Linha das Almas para resolver em meu favor esta demanda".

"Salve o Rei Omulu!
Salve quem vai trabalhar!"

O trabalho deve ser feito sempre na mesma hora, de preferência as 18 horas, e repetindo mais seis vezes.

A água deve ser despachada na pia e renovada, diariamente, na hora do trabalho. No final, despacha-se o copo numa encruzilhada, dizendo:

"Salve quem trabalhou"! E não se olha para trás. Esse trabalho poderá ser duplo. Daí, ao invés de se acender uma vela, acende-se duas: uma para o seu Anjo da Guarda e outra para o retorno. Mas, para isso é necessário riscar um Ponto com giz atrás da porta. Coloca-se o copo no meio do Ponto, e nos extremos, as velas; do lado esquerdo coloca-se a vela do retorno, e do direito a do Anjo da Guarda.

Conforme o exemplo ao lado, acende-se primeiro a vela para o Anjo de Guarda (lado direito), pedindo proteção e forças para as horas difíceis, e reza-se um Pai Nosso em homenagem ao seu anjo protetor. Depois, acende-se a vela do retorno (lado esquerdo). O copo é, pois, colocado no meio do Ponto e as velas nos extremos.

TRABALHO DE DESAMARRAR

O trabalho para desamarrar alguém que esteja atrapalhado poderá ser feito sozinho, mas o certo é executá-lo num Terreiro na Linha da Quimbanda, pedindo que a entidade comande os trabalhos.

Pega-se 30 centímetros de fio branco, faz-se 7 laços, acende-se uma vela em sua frente e junto com a entidade, diz-se: "Do primeiro ao quinto nó; vou desamarrar o que está amarrado. Do sexto ao sétimo nó; já desamarrei o que estava amarrado, vou queimar o que estava amarrado e, já queimei o que estava me amarrando".

Queime-o na vela que fica à sua frente. Depois, solicita-se à entidade que queime (Fundanga, Fundunga — pólvora) atrás, em sua frente; é a descarga (banho de descarga) final, e está pronto o trabalho.

Note-se que deve haver muita concentração e firmeza de pensamento, pois, não é tão fácil desamarrar os laços efetuados no fio, porquanto os 7 laços representam as 7 Linhas da Quimbanda, e talvez uma das Linhas esteja lhe amarrando.

CASOS DE OBSESSÃO

Há casos de obsessão que, devido ao tempo, já se apossou totalmente da pessoa. Mas sempre resta a última esperança, e assim, na fé do Pai Oxalá, devemos persistir para a recuperação dessa pessoa.

Dedicamos, pois, a essa pessoa, 7 trabalhos de Umbanda, fazendo, com que a mesma fique no centro da corrente, recebendo todas as vibrações de cura.

Terminados os trabalhos de Umbanda iniciamos 7 trabalhos de Quimbanda, sempre com o doente no centro da corrente, e as entidades incorporadas, fazendo as suas mirongas.

Terminados os 7 trabalhos, fazemos mais um trabalho de Quimbanda, fazendo, então, um transpasse.

O transpasse é feito num leitãozinho de 3 a 4 meses, devendo ser macho, de cor preta e sem defeito. Antes disso porém, recomenda-se aos responsáveis pela pessoa doente, que atormentem bastante o leitãozinho no dia do transpasse.

O transpasse é feito assim: a pessoa doente fica no centro da corrente e o médium incorporado amarra uma fita vermelha no pescoço do leitãozinho, que foi previamente amarrado.

Faz-se o transpasse pondo-se a mão na cabeça do doente e na cabeça do leitãozinho; a entidade dá de beber ao doente e ao leitãozinho, e a corrente, bem firme, canta o Ponto para Transpasse (dado abaixo). Começa-se o transpasse, e no final solta-se o leitãozinho.

Ponto para Transpasse

Vamos fazer o transpasse,
Na fé do Pai Oxalá;
Vamos fazer o transpasse,
Para esta filha curar.

O transpasse foi feito,
Na fé do Pai Oxalá;
É o milagre divino,
Vamos pois abençoar.

* * *

Primeira fase: incorporação

Comigo ninguém pode,
Mas eu pode com tudo.
Na minha encruzilhada,
Eu é Exu Veludo.

Segunda fase: transpasse

Comigo ninguém pode,
Eu vai já te provar;
Aqui é a nova morada,
Que você vai ocupar.

* * *

Ao soltar o leitãozinho canta-se:

Vai, vai, vai,
Vai e já foi!
Vai por este mundo,
Que desejou!

* * *

Final — O Ponto de Subida de Quimbanda. Chama-se a Umbanda para encerrar os trabalhos e no final, uma prece.

TRABALHO MALÉFICO

(Desmanchado por Exu Veludo)

Certa senhora vinha há longo tempo sendo vítima de um trabalho maléfico. Sentia terríveis dores de cabeça e enjôos no estômago, a ponto de vomitar tudo o que ingeria.

Também a sua situação conjugal andava péssima. O esposo pasou a evitá-la, dormindo separado e passando a maior parte do tempo fora de casa. Por fim, arranjou uma amante e já falava em pedir desquite.

Pois bem. Fui convidado a visitar essa senhora para tentar ajudá-la a resolver o seu angustiante problema. Logo ao penetrar na casa, senti que o ambiente estava carregadíssimo. Concentrei-me, pedi proteção aos meus pais de cabeça, e, de imediato, o Exu Veludo assim se manifestou: "Estou demandando; abra já os travesseiros de pena e veja o que tem.

Devo dizer que, quem abriu os travesseiros foi a genitora da tal senhora, trazendo o achado para vermos. Tratava-se de um boneco feito com penas e retalhos de fazenda de um dos vestidos da vítima. Também, no travesseiro da filha foram encontradas sete esponjas, feitas, também, com retalhos e penas, e outro boneco.

Fiquei perplexo com semelhante poder maléfico, imediatamente fiz o "despacho", solucionando o problema. Desde então a tal senhora nunca mais sentiu dores de cabeça, passando a alimentar-se perfeitamente bem. O marido que chegou a cogitar de mandá-la para um asilo, passou a ter boas intenções, voltando a ser um marido fiel e dedicado.

Assim, a vítima de um trabalho maléfico que, na opinião do próprio Exu Veludo, a tal senhora não agüentaria três meses, ficou inteiramente livre das más influências, passando a viver vida normal.

Cabe, pois, a pergunta: ser Exu é ou não é ter elevação? E respondo que é, sem dúvida, pois aquele malefício foi feito e transportado por Quiumbas, espíritos atrazadíssimos, que são capazes de fazer o mal até por um gole de marafo e um charuto.

Outra pergunta: qual passou a ser a situação de quem mandou fazer o malefício? Ora, ao ser descoberto, o Quiumba apanha, mas o malefício volta a quem o mandou fazer. É a lei do retorno. Assim, devemos sempre praticar o bem, para não termos que pagar dívidas em encarnações futuras.

Salve Exu Veludo por esse trabalho maravilhoso!

TRABALHO DE CURA

(Resolvido pela nossa corrente)

Tendo sido desenganada pelos médicos terrenos a tia de uma filha de nossa corrente, recorreu ela aos nossos trabalhos. Feita a consulta, marcamos o dia para o trabalho. Recomendamos que a mesma deveria trazer um marreco de cor cinza, sete velas pretas, sete vermelhas, marafo, charuto e fósforo, para os despachos.

O trabalho foi iniciado numa quinta feira, as vinte horas, para que uma parte da corrente estivesse as vinte e quatro horas no cemitério, a fim de executar o sacrifício. Compareceram a senhora e seu esposo no dia marcado.

Indicamos o lugar para que a senhora se deitasse, achando os médiuns já incorporados com os Exus: Caveira, Curadô, Tranca-Ruas, Mirim, Pomba-Gira e Veludo.

Ao Tranca-Ruas foi pedido licença para o transporte de ida e volta para que tudo fosse fácil, como de fato foi.

Ao Exu Caveira foi pedido licença antecipada para entrar na sua jurisdição.

Ao Exu Curadô foi pedido que fizesse o trabalho de cura.

O Exu Veludo comandou os trabalhos: nesse trabalho o Exu Veludo bebeu duas garrafas e meia de conhaque (o médium não bebe), e ficou incorporado das vinte horas até as duas horas da madrugada. Enquanto parte dos membros da corrente foi ao cemitério, o compadre Veludo autorizou aos demais um descanso; ele próprio iria permanecer até o encerramento dos trabalhos. E assim fêz.

E a verdade é que a tal senhora que nos procurou como último recurso para a cura do seu mal, considerado incurável pela medicina, já que sofria de câncer no estomago, ficou completamente restabelecida, recuperando logo o seu peso normal. E de indiferente que era, passou a acreditar na religião.

A mim e aos meus filhos de corrente, restou a satisfação de havermos praticado mais um ato de caridade.

O meu saravá a todas as entidades que participaram desse trabalho!

O BANHO QUE SALVA

Muitas doenças os médicos não conseguem curar radicalmente, seja fígado, coração, intestino, etc. Ao receitarem um remédio, o mesmo complica outro órgão, complicando a vida do doente que, muitas vezes, passa a não se alimentar direito, vindo a sofrer de outros males.

Nós Umbandistas que conhecemos tal situação, declaramos sem receio que podemos curar, de fato, o doente. Eis como procedermos:

Em primeiro lugar, "pedimos que preparem pipoca feita com azeite de dendê, uma pitada de sal e um bife de carne de porco, com azeite de dendê e sal". Com o material em mão, iniciamos o trabalho "saravando" a Umbanda, e fazemos uma prece.

>Salve a Umbanda!
>Salve a Quimbanda!
>Salve quem vai trabalhar!

E começamos a passar a pipoca pelo corpo do doente, de cima para baixo, deixando livre a cabeça. Esse trabalho pode ser feito na cama, devendo ser feita uma boa esfregação.

Em seguida, o bife é passado no corpo, como foi feito com a pipoca. Após esse "banho", fazemos um pacote com a pipoca e outro com o bife, e vamos despachar na encruzilhada, "saravando" o Exu Rei das Sete Encruzilhadas, e também, quem trabalhou; para o despacho deve-se ir acompanhado e não olhar para trás. Depois, volta-se ao lugar do doente a fim de agradecermos a quem trabalhou. Com uma prece, encerra-se o trabalho.

Aproveito para salientar que, num banho de pipoca que fizemos, caiu no chão uma agulha grande, já enferrujada, enleada em fio preto.

Esse trabalho é feito com a incorporação de médium; quem fôr passar as pipocas não precisa incorporar. Também não é necessário a presença de muitos elementos, sendo suficientes uns três ou quatro.

Voltando ao caso da agulha, esclareço que a moça sofria de pontadas agudas, e quando a agulha saiu, ela sentiu um alívio e nunca mais sofreu daquelas dores.

Desejo frisar que a nossa corrente tem usado o banho de pipoca com ótimos resultados.

DIÁLOGO EM TORNO DA FÉ

(Bittencourt x Ayrton)

Bittencourt — Dialoguemos um pouco sobre a fé, meu prezado irmão Ayrton.

Ayrton — Com todo prazer, irmão Bittencourt. Na sua opinião, o que é a fé?

Bittencourt — Para mim, fé é uma palavra que exprime força em nosso redor (Áurea de Proteção). Vivemos e morremos na fé por alcançarmos o nosso objetivo de nos purificarmos. Pela fé vivemos na esperança de melhores dias. Fé é poder divino.

Ayrton — E se não vierem os melhores dias?

Bittencourt — Por mim, nunca viverei angustiado, pois há sempre uma nova aurora a surgir amanhã; hoje o sol se põe e amanhã um novo sol há de brilhar. Essa esperança conserva-me o ânimo forte, dando-me sempre novo alento, tudo isto pela virtude da fé que os incrédulos não possuem.

Ayrton — Estará a nossa fé no mesmo nível?

Bittencourt — A fé representa força sobrenatural, cujo poder está ligado aos graus de luz. Para conseguirmos elevação em graus de luz precisamos sair das trevas para a luz, afastando-nos do mundanismo, do sensualismo, das coisas terrenas. Entendo que assim aumentamos a fé no decorrer da nossa existência. Acredito que a sua fé seja superior à minha, porquanto ainda não me considero totalmente liberto das coisas terrenas; meu coração, meu "eu" ainda se acha endurecido devido, talvez, à maneira como fui criado, mas, procuro alcançar o que considero de mais importante na vida: crescer na fé e na sabedoria.

Ayrton — Então ainda não se acha realizado na fé?

Bittencourt — Não. No entanto, como expliquei, procuro aumentar a fé na medida do merecimento. Com a ajuda de Deus vou vencendo as lutas da vida. Minha fé me sustenta e fortalece nos momentos de solidão e aflição, do contrário forças negativas se apoderam do meu ser, atirando o meu corpo no abismo das trevas.

Ayrton — E se surgirem forças negativas superiores à sua fé?

Bittencourt — Nada temo, pois o meu Anjo da Guarda está sempre vigilante na defesa do meu pobre ser.

	Nada tenho a temer vivendo na minha fé em Deus, o Supremo Criador de todas as coisas.
Ayrton —	Pela fé já obteve muitas graças?
Bittencourt —	Sim. Já recebi várias graças, vendo sempre aumentar a minha fé. Mas, ainda que não houvesse recompensa, não vacilaria em minha fé, pois já me considero esclarecido o suficiente para aquilatar o meu merecimento. Procuro sempre elevar-me nas coisas do espírito para ser digno das bênçãos de Deus.
Ayrton —	Quando começou a ter fé?
Bittencourt —	Há dois decênios.
Ayrton —	Desde então nunca esteve prisioneiro da dúvida?
Bittencourt —	Não. Nunca vacilei em minha fé.
Ayrton —	Não admite que existam certos momentos na vida capazes de provocar a descrença e diminuir a fé?
Bittencourt —	Sim, irmão Ayrton. Existem os dias de grandes desilusões, mas estes, quem nos oferecem são os homens com suas falsas religiões e seu pecado. A verdadeira religião é espinhosa, é a prova de fogo da fé, é o teste da firmeza espiritual que põe em jogo os que possuem pouca elevação de espírito, os que se deixam melindrar com as advertências, os que engendram os seus próprios dogmas. Os que assim procedem acabam sendo prisioneiros da dúvida e perdendo a sua fé. A dúvida, pois, pertence aos homens sem fé. Para se ter fé é preciso volver-se para as coisas do espírito, para as coisas de Deus, e não para as coisas dos homens. Disse o Mestre: "Buscai primeiramente o reino de Deus e a sua justiça, e as demais coisas vos serão acrescentadas".

SIMPATIAS E MIRONGAS

Como costurar rasgaduras e distorção de nervos

Primeiro pega-se um retalho de fazenda branca, uma agulha nova e uma linha branca. Enfia-se a agulha, dobra-se o pano, coloca-se no lugar dolorido e pergunta-se a pessoa doente: O que eu coso? — O doente responde: "carne rasgada, nervos torcidos e ossos estrossos (quebrados)". — Quem está costurando diz: "Isto mesmo eu coso" (e dá uma costurada na fazenda). A pergunta é feita três vezes, dando três costuradas na fazenda.

Em seguida, despacha-se na água corrente o pano costurado, a agulha e o fio restante.

No dia seguinte, faz-se a mesma coisa, até completar o trabalho. No primeiro dia o fio fica todo retorcido, no segundo já se costura melhor; no terceiro dia é mais para finalizar o trabalho, pois a pessoa já estará completamente curada.

Como fazer baixar a febre

Para fazer baixar a febre, principalmente nas crianças, corta-se sete fatias de batata inglesa e põe-se em redor da cabeça, amarrando com um pano branco, sem uso. Aplica-se quantas vezes for necessário, até a chegada do médico.

Como espantar cobras venenosas

Para espantar cobras venenosas do nosso caminho, pega-se quatorze dentes de alho, coloca-se num saquinho sete dentes e em outro saquinho os outros sete. Soca-se e amarra-se em cada tornozelo.

Assim fazendo, poderemos caminhar tranqüilamente por qualquer lugar onde haja cobras, que estaremos protegidos contra elas.

Esta simpatia pode ser feita, também, colocando-se mercúrio vivo, produzindo o mesmo resultado.

Como achar um objeto perdido dentro de casa

Acende-se uma vela e reza-se um Pai Nosso para o Negrinho do Pastoreio, para que o mesmo localize o objeto perdido. Num esfregar dos olhos, surge o objeto, como por encanto.

Como livrar o ambiente das más influências

Coloca-se atrás da porta um copo com água contendo três pedacinhos de carvão. Troca-se a água todos os dias, até que os carvões venham à tona, sendo este o sinal de que o ambiente está limpo. A água deverá continuar sendo trocada por algum tempo, uma vez por semana.

Outro processo (Contra Mironga)

Põe-se um copo com água e um galho de arruda em nossa frente e reza-se um Pai Nosso ao Anjo da Guarda da casa. Em seguida, vai-se de quarto em quarto, nos quatro cantos, e faz-se o Sinal da Cruz com a arruda, sempre molhando a mesma, pedindo que toda a má influência vá para o fundo do mar, sem prejuízo para ninguém, e que o ambiente fique purificado com as águas cristalinas das fontes.

Feito isto, despacha-se a água e a arruda. De início é bom fazer a simpatia todos os dias, diminuindo para uma vez por semana, durante algum tempo.

Mais outro processo (Contra Mironga)

Acende-se do lado de fora da casa, nos fundos, todas as segundas feiras, uma vela para as Almas do Purgatório. Reza-se um Pai Nosso a todas as Almas que estão no Purgatório pedindo ajuda, para que reine a paz e o amor entre os familiares, vizinhos, patrões, colegas, enfim, entre todos os que nos cercam e pedindo que o ambiente fique livre de más influências.

Esta oferenda deve ser feita durante sete semanas. Poderá continuar a oferenda após esse período mas sempre de sete em sete dias.

SOBRE A DEFUMAÇÃO

Não aconselho a defumação em residência, a menos que se tenha conhecimento do assunto. Acender, simplesmente, o defumador, não faz surgir os efeitos desejados. A pessoa que fôr acender o defumador precisa ter conhecimento do assunto, caso contrário, ao invés de limpar, carrega mais o ambiente, pois, ao fazer a defumação, atrai toda a má influência, e se a pessoa não tiver defesa, fica carregada, acarretando prejuízos.

É necessário conhecer o ambiente para se recomendar a defumação.

Antes de fazer uma defumação, recomendo que se faça um banho de descarga, usando-se: arruda, guiné, espada de São Jorge e um pedaço de fumo. O banho é para que a pessoa fique limpa das más influências, devendo ser feito do pescoço para baixo, deixando livre a cabeça. Não se trata de um banho propriamente, sendo apenas "passar água no corpo", aos poucos e sem se enxugar.

Só depois disto é que a pessoa estará em condições de acender o defumador, sem correr nenhum risco.

Antes de acender o defumador, pronuncia-se aquela frase que impõe: Sabedoria, Amor, Compreensão e Humildade.

Salve a Umbanda!

Em seguida, reza-se um Pai Nosso, acende-se o defumador e faz-se o pedido, cantando o Ponto, abaixo com o defumador na mão, fazendo o Sinal da Cruz em todos os cantos da casa.

Ponto para Cantar

Povo de Umbanda,
Vem ver os filhos teus,
Defuma teus filhos,
Nas horas de Deus.

Este Ponto deve ser cantado até o final da defumação, quando então agradece-se às entidades e ao Anjo da Guarda, dando por encerrada a defumação.

No final, reza-se um Pai Nosso em agradecimento.

DEFUMAÇÃO MAL FEITA

Sobre a defumação mal feita e seus efeitos, transcrevo aqui um Ponto Cantado, que serve de exemplo aos que querem penetrar nos mistérios do astral, sem terem o devido conhecimento:

Ponto Cantado dos Pretos-Velhos

Tem mironga no terreiro,
Tem mironga no congá,
(Tem mistério na casa)
(Tem mistério no altar)
Quem não pode com mironga

(Quem não pode com mistério)
(Não carrega defesa).
Não carrega patuá.

(Quer dizer: — é o mesmo que ter um automóvel e não saber dirigir.

O médium, ao chegar num ambiente desconhecido, basta se concentrar para saber a situação do mesmo.

O leigo desconhece a modalidade de trabalho a ser efetuado.

DEFUMAÇÕES A SEREM USADAS

Deve-se usar:

Defumação Oriental, Sete Linhas, Hei de Vencer, Olho Grande, Vence Tudo, Vence Demanda, Sete Flechas, Chama Dinheiro, Abre Caminho, Comigo Ninguém Pode, Pai Jacob, Jurema, Tira-Teima, Arranca-Toco, Demanda e Incenso.

Não se deve usar:

Defumação com charuto cachimbo, pito, pólvora (Fundanga ou Fundunga).

Nota: a menos que seja a entidade.

Sobre a pólvora existe o seguinte Ponto:

Ponto Cantado

Só queima fogo quem pode queimar,
Meu Ponto é seguro, não pode falhar,
Só manda fogo quem pode mandar,
Meu Ponto é seguro, meu Pai Oxalá

Por tudo isto, caro irmão e leitor, vê-se a responsabilidade de quem pretende entrar na Mironga e não carrega Patuá.

OFERENDA, PROMESSA E DESPACHO

O leigo quando vê materiais expostos numa encruzilhada, logo diz: é macumba, feitiço, despacho. Mas o diz por ignorância. Nós Umbandistas, que entendemos do assunto, nunca afirmamos tratar-se de Oferenda, Promessa ou Despacho. Nós Umbandistas, dizemos: "É Mironga, meu irmão, é Mironga!"

Oferenda:

É o presente dado de boa vontade, sem nada pedir em troca, oferecido a uma entidade que gosta de prestar ajuda. O presente deve ser depositado numa encruzilhada, mata, praia ou cemitério.

Promessa:

É o que se promete a uma entidade, antes ou depois de um trabalho executado. Deposita-se, também, numa encruzilhada, mata, praia ou cemitério.

Despacho:

É a Oferenda ou Promessa, ou também, resíduos e sobras de trabalhos depositados, nas encruzilhadas, matas, praias ou cemitérios. Os verdadeiros despachos são as sobras de trabalhos, e a pessoa diz ao depositar: "Salve quem trabalhou!" ou "Salve quem vai trabalhar!"

—oOo—

Nos cemitérios — pedimos licença ao Exu Omulu e ao Exu Caveira.

Nas praias, rios ou cachoeiras — pedimos licença ao Exu do Lodo, pois sempre há lama nos arredores.

Nas matas — pedimos licença ao Exu das Matas.

OFERENDA OU PROMESSA

Para o Exu Pomba-Gira

Depositamos na encruzilhada. (Uma rua que termine em outra, formando um "T").

Oferenda para Pomba-Gira

Uma garrafa de champanha; um buquê de rosas vermelhas; uma carteira de cigarros do melhor que houver; uma caixa de fósforo e uma vela; um vidro de perfume, jóias e fitas; farofa feita com azeite de dendê, colocada num Alguidar (vasilha de barro); pipoca feita com azeite de dendê; um metro de fita vermelha e preta; cigarros; fósforos e velas pentes, brincos etc.; um galo preto.

Oferenda ou Promessa para Exu

Um galo preto ou bode com chifres; um bife de carne de porco, temperado com azeite de dendê e pimenta da costa; marafo; charuto; fósforo e vela.

Banquete para Exu

Sete velas pretas; sete velas vermelhas; sete charutos; sete caixas de fósforos; sete garrafas de marafo; sete pedaços de um metro de fita vermelha; sete pedaços de um metro de fita preta; um galo preto.

Em cada garrafa de marafo fazemos um laço com as fitas preta e vermelha. Todo o material é colocado em uma toalha preta, com um metro quadrado, fazendo a seguinte disposição: uma vela vermelha, uma vela preta, um charuto em cima da caixa de fósforo, aberta, uma garrafa de marafo aberta e derramando um pouco em volta; um bife de carne crua, e assim por diante, até completar um círculo; no centro colocamos o galo preto dentro de um alguidar (vasilha de barro). Depois disto, faz-se o pedido ao Exu Rei das Sete Encruzilhadas, oferecendo o banquete a ele e ao seu Estado Maior.

Em seguida pede-se licença (Agô) para se retirar: "Exu, Exu Anaruê! Viva o Exu das Sete Encruzilhadas e seu Estado Maior! Agô Iê para me retirar! "Maleme", meus irmãos"! Dê dois passos para trás e retire-se sem se voltar.

—oOo—

Nossa Fé Umbandista

Tendo tido oportunidade de assistir a trabalhos executados em diversos Terreiros Umbandistas, pude verificar a lamentável disparidade existente nos diversos setores da nossa querida religião. Num dos terreiros visitados vi no Congá uma enorme imagem do Sol, e nada mais. Ora, nós Umbandistas não adoramos o Sol; nada temos a ver com os adoradores do Sol que são os seguidores de Amenófis IV, Faraó do Egito. Como se isto não bastasse, vi em outro Terreiro, no Congá, uma imagem de Buda. Como se sabe, Buda, o grande iluminado, tem a sua própria doutrina da qual é líder espiritual, e nada tem a ver com a nossa Umbanda.

Permito-me chamar a atenção, especialmente dos irmãos Babalorixás e Pais-de-Santo, para tais ocorrências, a fim de evitarmos que alguns elementos continuem praticando a Umbanda à sua maneira, em flagrante desrespeito às suas leis.

A Linha Oriental da nossa querida Umbanda tem seus Orixás, a quem devemos respeitar e render homenagens. Eis os Orixás da Linha do Oriente:

Chefes	Falanges
Zartu	Indus
José de Arimatéia	Médicos e Cientistas
Jimbaruê	Árabes e Marroquinos
Ori do Oriente	Chineses, Japonêses e Mongóis
Inhoari	Egípcios, Aztecas e Incas
Itaraiaci	Índios Caraíbas
Marcos I, Imperador Romano	Gauleses, Romanos e Europeus

CRUZAMENTO DE LINHAS

Observa-se nos diversos Terreiros de Umbanda, o costume de cruzar as Linhas, cantando os Pontos Cruzados, incluindo-se, nesses cruzamentos, os trabalhos de Quimbanda. Depois, canta-se o Ponto de Subida de Linha por Linha, encerrando-se os trabalhos.

Cabe aqui a pergunta: É correta essa modalidade de trabalho?

Do meu ponto de vista, acho que não, pois, conforme as Linhas vão baixando, com elas vêm as diferentes entidades, bem como a diferença de trabalho. Cada Linha de Umbanda, tem sete chefes no trabalho, sem contarmos as entidades da Quimbanda. Isto impede um trabalho profícuo, em face das inevitáveis gentilezas: "tenha a bondade!..." "o senhor chegou primeiro!..." E nessa troca de amabilidades, o trabalho não rende. E a quem cabe a culpa?

Ao Babalaô que mandou cruzar as Linhas. Aos que se justificam dizendo: "Mas eu aprendi assim; no Terreiro tal adotam esse sistema!..." a isto eu respondo que, quem assim ensina, terá aprendido errado, e por isso, ensina errado.

Num Terreiro onde costumam cruzar as Linhas, dificilmente sai um médium formado, pois, até saber se o médium tem vibração em tal linha, muitas Luas grandes já passaram, e o Babalaô não pode afirmar que determinado filho de corrente tem vibração nesta ou naquela Linha. Ao passo que, chamando Linha por Linha, é de fácil reconhecimento a vibração de cada filho de corrente.

TRABALHOS RESIDENCIAIS

Gostaria agora de alertar aos irmãos de fé sobre os trabalhos efetuados em residências particulares. Muitos irmãos que fazem seus trabalhinhos em casa, ignoram os perigos que correm, pois, muitas vezes, a casa não tem a devida firmação, não tem o "pára-raio" e o "terra" espiritual.

O "pára-raio" é o Ponto firmado da entidade chefe, colocada no teto do Terreiro. O "terra" significa os apetrechos de um Preto-Velho, que são: cachimbo, fumo, ponteira, guia e Ponto escrito e cantado, e enterrado no lugar determinado pela entidade. Quer isto dizer que, não existindo firmeza, os trabalhos podem causar dissabores em quem os executa, pois sempre ficam os "miasmas" da pessoa que recorreu a seus trabalhos. E assim, vai carregando o ambiente e vão chegando os transtornos. Por mais que se faça a limpeza espiritual, sempre fica um pouquinho, que vai acumulando, até que ocorre o desastre inevitável.

Se derramarmos no chão um quilo de farinha, depois, com uma vassoura, apanharmos e pesarmos essa farinha, iremos verificar que o quilo não mais estará completo. Do mesbiente, após os trabalhos feitos em casa. Uma pessoa vai a uma residência, recebe o benefício, mas sempre deixa ali um pouco de "carga". Assim, não adianta "cobrir um santo descobrindo outro".

Para você, irmão, este conselho: Convoque a corrente, marque um dia e faça a "limpeza espiritual". Peça "maleme" às entidades e, em nome de Oxalá, dê por encerrado os trabalhos.

E assim, irmãos, devagar vai a escrita planificando a nossa querida Umbanda material, já que a Umbanda espiritual encontra-se planificada há milhões de anos.

EXU MADAME POMBA-GIRA

Muito já se falou sobre Pomba-Gira existindo diversas obras a respeito. Mas, ainda assim, aqui e ali surgem dúvidas, às quais procurarei esclarecer na medida das minhas possibilidades.

O nome verdadeiro é Pombo-Gira, tendo havido deturpação na linguagem, passando essa entidade a ser conhecida como Pomba-Gira. Desde a formação do Reino dos Exus, vem sendo a mesma companheira inseparável de todos os elementos que formam o poderoso exército de Sua Alteza Lúcifer. Quem desconhece a formação da Quimbanda, julga que existe só uma Pomba-Gira para todos os Exus. O que ocorre, no entanto, é o seguinte: em cada grupo de sete exus, existe para o mesmo uma Pomba-Gira. Assim, em todas as Linhas, Falanges, sub-Falanges, Grupos e Bandos dos Quiumbas, há uma Pomba-Gira para cada sete Exus. Quando falamos de Pomba-Gira, mulher dos sete Exus, referimo-nos sobre o Alto Reino dos Exus, que na alta Magia Negra é representada sob a forma de "Bode de Sabatt" ou Baphomet de Mendes". Seu nome é Klepoth e vem da Kabbalah, religião dos antigos Essênios. A mesma é considerada a maldade em forma de mulher.

A formação da Quimbanda é composta de sete Linhas. Temos assim, a Linha das Almas e as Pombas-Giras das Almas.

A Linha Nagô, possui a sua Pomba-Gira para cada grupo de sete Exus. A Linha Mista, Linha dos Cemitérios, Linha Mossurubi, Linha Malei, Linha dos Caboclos Quimbandeiros, todas têm para cada grupo de sete Exus uma Pomba-Gira a companheira inseparável dos Exus.

A Pomba-Gira das Almas é a mais solicitada para trabalhos de Alta Magia, recorrendo a ela os que desejam solucionar um caso de amor. A Pomba-Gira trabalha tanto para o bem quanto para o mal, sendo indiferente para ela a modalidade de trabalho. Desde que paguem os seus serviços, ela os executa com toda presteza e com resultados satisfatórios. Todo trabalho efetuado por uma Pomba-Gira, só por ela pode ser desmanchado, ou então, por outra Pomba-Gira de maior força; sua atuação mais forte é sobre o sexo, tanto o feminino quanto o masculino. Os trabalhos maléficos efetuados por Pomba-Gira, quando não são desmanchados, arrasa totalmente as pessoas, principalmente aquelas que desconhecem o poder da Alta Magia.

Eis alguns exemplos da forte atuação de Pomba-Gira:

Conquista amorosa

Um senhor de idade avançada fica apaixonado por uma jovem, de quem poderia ser avô. Buscando uma aproximação mais efetiva em virtude da falha de outros meios, recorre aos trabalhos de Madame Pomba-Gira. Explica a sua situação, sendo o diálogo mais ou menos assim:

O VELHO — Madame, gosto de uma moça, que não me corresponde devido a diferença de idade. Venho, pois, recorrer aos seus trabalhos.

POMBA-GIRA — Para que eu possa resolver o seu problema, deve trazer-me um objeto da moça, podendo ser roupa, sapato, meia, retrato, ou qualquer documento.

O VELHO — Pois não. Trarei um desses objetos sem demora.

POMBA-GIRA — Se fizer como eu mandar, a moça lhe pertencerá.

Na próxima consulta o velho leva o objeto solicitado, entrega à Pomba-Gira que logo põe no seu Ponto firmado e começa o "trabalho". Em seguida marca outra consulta, mandando o cliente trazer mais os seguintes materiais para prosseguimento do "trabalho": cigarros, velas vermelhas e fitas pretas e vermelhas. De posse desses materiais, Pomba-Gira faz as suas mirongas, marcando outra consulta, com prazo de uma semana, ocasião em que é inteirado dos pormenores do caso, recebendo a incumbência de trazer na última consulta o seguinte: um vidro de perfume ou uma rosa para o término do "trabalho". Voltando ao Terreiro com o perfume ou a rosa, Pomba-Gira faz o cruzamento e manda que o cliente faça presente à moça desse último material. E assim fica pronto o "trabalho". Em pouco tempo, sem saber como nem porquê, a moça estará perdida de amores pelo velho.

Outro caso

Uma jovem apaixona-se por um homem casado. Face ao impedimento desse amor, fica em desespero e como último recurso vai solicitar "os trabalhos" de Pomba-Gira. Após o relato do caso, Pomba-Gira risca o ponto, faz a mironga e manda a moça trazer um objeto de uso pessoal do cidadão. Na semana seguinte a moça volta ao Terreiro com o material pedido. Pomba-Gira firma o objeto no Ponto, derrama champanha em cima, diz certas palavras e recomenda à moça para ter paciência, pois a vitória será certa. E, de fato, dentro de pouco o cidadão casado, descuidosamente, vê-se atirado numa ruidosa aventura amorosa.

Caso de separação

Às vezes ficamos surpresos ao sabermos do desmoronamento de um lar onde reinava amor e compreensão. Quando isto sucede é certo que alguém, por maldade ou por interesse num dos cônjuges, mandou preparar um "trabalho" de Quimbanda, surgindo a desunião entre o casal, num piscar de olhos.

Homem "amarrado"

Há casos em que uma mulher "amarra" o seu próprio companheiro, quando o mesmo dá para afastar-se do lar e gastar o dinheiro da família em farras. Indo a um Terreiro de Quimbanda, faz uma consulta à Pomba-Gira, explicando a situação. Esta pede-lhe que traga alguns objetos do companheiro. De posse do material solicitado, a mulher volta ao Terreiro, faz a entrega dos objetos e Pomba-Gira começa a trabalhar, "amarrando" o cidadão de todas as maneiras. Não demoram a surgir os resultados positivos: o companheiro começa a chegar em casa de acordo com o figurino, perdendo o interesse em farras e em outras mulheres, já que passa a ser mal sucedido nas suas "fugidas".

CAMADAS SOCIAIS

Existem entre as Pombas-Giras diferentes camadas sociais, a saber:

Pomba-Gira do povo
Pomba-Gira da classe média
Pomba-Gira da alta sociedade.
De acordo com o meio social, classifica-se:
Pomba-Gira rica
Pomba-Gira pobre
Pomba-Gira jovem
Pomba-Gira velha
Pomba-Gira dos prazeres.

A Pomba-Gira leva para o astral toda a sua bagagem, seja de vícios ou de sabedoria, obedecendo sempre às leis do sexo, pois, em geral, a ela interessa a união, não se importando com os preceitos sociais.

Existem duas categorias de Pombas-Giras:
Pombas-Giras mortas (desencarnadas) e
Pombas-Giras vivas (encarnadas).

As Pombas-Giras desencarnadas são, naturalmente, as que passaram por este planeta e levaram a sua bagagem de experiencia nefasta, em todos os sentidos: se foi mulher de rua, de hotéis clandestinos, ou mulher aliciadora etc, continuará a ser a mesma coisa no astral, até arrepender-se dos erros praticados e suplique ao Supremo Mestre que lhe dê outra oportunidade de reencarnar, para a sua recuperação espiritual.

As Pombas-Giras encarnadas perambulam aos milhões pelo mundo, buscando o luxo e os prazeres da vida fácil, tomando parte ativa nas diferentes camadas sociais, como segue:

Pomba-Gira casada
Pomba-Gira solteira
Pomba-Gira viúva
Pomba-Gira rica
Pomba-Gira pobre
Pomba-Gira sensual

POMBAS-GIRAS ALICIADORAS

As Pombas-Giras quando desencarnam continuam sendo Pombas-Giras no astral, passando a desempenhar o nefasto papel de aliciadoras de mulheres, seduzindo-as para conduzi-las ao mau caminho, exercendo grande domínio sobre suas vítimas. Costumam atuar em todos os setores de atividade, procurando vítimas em colégios, no cemitério, nos meios artísticos e culturais, nos lares, enfim em todas as camadas sociais transformando cada vítima em nova Pomba-Gira encarnada que, de repente, cai na depravação para desgosto e vergonha de seus familiares.

MULHER DOS SETE EXUS

As chamadas mulheres de vida fácil costumam se reunir a fim de trocarem idéias sobre seus progressos e conquistas, surgindo, as vezes, o seguinte diálogo:

Primeira — Estou ganhando boa nota. Graças ao Exu tal, consigo tudo o que quero. Desde que me casei com ele a minha vida melhorou.

Segunda — Não diga! Eu gostaria de ter a sua sorte, pois, para mim tudo corre mal. Onde voce fêz o tal casamento?

Primeira — Foi num centro de Quimbanda. Conheci o Exu tal, e me casei com ele. Desde então acabaram os meus problemas.

Segunda — Mas, como foi realizado esse casamento?

Primeira — Muito simples. O Exu fez um corte no dedo indicador da minha mão esquerda, fazendo o mesmo com o seu dedo; cruzamos os nossos sangues e pronto: daquele momento em diante passei a ser sua esposa, atendendo ele a todos os meus pedidos.
Segunda — Quer dizer que eu também posso ter essa sorte?
Primeira — Pode. Faça como eu fiz e se torne, oficialmente, uma "mulher dos sete Exus" para sempre na terra e no astral.

PROTEÇÃO DE POMBA-GIRA

Qualquer pessoa que pedir proteção à Pomba-Gira é atendida, mas ela tem sempre mais prazer em atender as pessoas do sexo feminino. Assim, Pomba-Gira atende sempre os interesses de quem lhe solicitar, ajudando a realizar um bom negócio: promove o aumento da freguesia para um estabelecimento comercial de artigos femininos, bastando apenas que a pessoa que solicitar o pedido faça-lhe a oferta de uma rosa vermelha e uma taça de champanha, que devem ser postas no estabelecimento, bem à vista do público. Daí por diante, se o negócio ia mal, começa a prosperar.

ADVERTÊNCIA

Deus é testemunha de que procurei explicar em detalhes os ritos e mistérios da nossa religião, com a nobre intenção de prestar esclarecimentos aos irmãos Umbandistas e aos amigos leitores.

Assim, repito: tudo o que aqui narrei foi a título de esclarecimento, e nunca com a idéia de ensinar a maldade, mesmo porque, a maldade não exige o esforço do aprendizado. Facilmente aprendemos o que deveríamos ignorar, surgindo, no entanto, toda sorte de dificuldades para aprendermos o que deveríamos saber. Antes preferia morrer a me dispor a ensinar a maldade. Tenho verdadeiro respeito pela Lei do Retorno, e espero nunca proceder erradamente, pois sei que, o que aqui se faz, aqui se paga. Quem fizer um trabalho maléfico ao seu semelhante, terá de pagar um dia. Poderá pagar indiretamente, através de um castigo a um de seus entes mais queridos, ou diretamente, através de doenças, ingratidões, apertos financeiros etc.

Portanto, quem quizer seguir a nossa religião, deve praticar e ensinar o bem, mesmo com sacrifícios, sabendo que será recompensado por Deus. Aquele que pratica e ensina o bem alcança a elevação espiritual cada dia que passa, e no seu transpasse, será recebido por entidades de luz. Mas, aquele que pratica e ensina o mal, além de sofrer as conseqüências, terá que passar por muitas experiências através de muitas vidas, até pagar toda a sua dívida, pois toda dívida tem de ser paga.

Pontos Cantados na Quimbanda

Ponto do Maioral — Exu Rei

Oia iá, catira de Umbanda,
Espia, espia quem vem lá!
É o Supremo Rei de Quimbanda,
Chefe de Chefe, é Maiorá!
Todo povo tá me saravando,
Papai da Umbanda mandou me chamá!

Pontos de Exu Pomba-Gira

É, é, é, na Umbanda,
Vem, vem, vem da Quimbanda
É Pomba-Gira que vai girá vai girá,
É na banda do mar!

É, é, é, na Umbanda,
Vem, vem da Quimbanda,
Pomba-Gira vem trabalhar trabalhar
Para levar o mal para as ondas do mar!

Exu fêz uma casa
Com sete portas e sete janelas,
Exu não precisa de casa,
É Pomba-Gira que vai morar nela!

Pomba-Gira, gira,
Pomba-Gira, girê,
Pomba-Gira, gira,
Pomba-Gira, girê   (bis)

Tataretá, tataretê,
Pomba-Gira chegá,

Pomba-Gira chegô,
Pomba-Gira girô,
É a mulher dos Sete Exus,
Sá Pomba-Gira chegô!

Amarração

Tala, tala-tá na Pomba-Gira,
Tala, tala, para que não caia,
Tala, tala-tá na Pomba-Gira
Tala, tala para que não caia!   (bis)

O galo canta, cacarecou,
Oh Pomba-Gira!
Oh Pomba-Gira!
Oh guinguangá!   (bis)

Pomba-Gira, Pomba-Girá,
Pomba-Gira tata-crué,
Olha Pomba-Gira, Pomba-Girá,
Pomba-Gira tata crué!   (bis)

Pomba-Gira no seu vestido vermelho — (Ponto de Trabalho)

Com meu vestido vermelho
Eu venho p'ra girá!
Com meu colar, brinco e pulseira,
Venho p'ra trabalhar!
Uso dos melhores perfumes,
Para a todos agradar,
Eu sou a Pomba-Gira,
E vamos trabalhar!

Pomba-Gira e seu destino
O meu destino é este:
É me divertir!
Bebo, fumo, pulo e danço,
Para subsistir!
Assim cumpro o meu destino,
Que é só me divertir!   (bis)

Vem, vem, vem,
Vem p'ra trabalhar,
Já chegou a Pomba-Gira,
P'ra todo o mal levar!
Exu Malê, Malê, nascido em Belém,
Exu Babalaô, oi Pomba-Gira em Belém!

Ponto de Gira

Gira, gira, gira,
Vamos todos girá.
Já chegou a Pomba-Gira,
Que veio trabalhar!   (bis)

Pomba-Gira no salão de festa

Eu sou a Pomba-Gira,
E estou sempre presente,
Não existe festa sem mim,
Quem confirma é minha gente,
Estou sempre nas festas,
Brincando com alguém,
Eu saravo minha rainha,
E o meu Rei também!

Ponto em homenagem à Rainha das Pombas-Giras

Eu sou a Pomba-Gira,
E vim p'ra trabalhar,
Sou mulher dos Sete Exus,
E todo o mal vou levar!
Eu tenho uma Rainha,
E tenho também um Rei,
Obedeço Exu Veludo,
Pois é ordem do meu Rei!

Ponto de Trabalho

Todo mundo é Quimbandeiro,
Mas, quem sabe trabalhar

É só a Pomba-Gira,
Que veio me ajudar!   (bis)

Pontos de Exu Tranca-Ruas — (Pontos de Chamada)

Desci, desci, a Umbanda me chamo,
Na minha banda,
Eu sou maior,
E Oxalá ainda é maior!

Estava drumindo,
Curimbando me chamô,
Alevanta minha gente,
Tranca-Ruas já chegô!

Quando a lua sair eu vou girá,
Eu vou girá, eu vou girá,
Chegou o Tranca-Ruas,
Para todo o mal levá!

Ponto de Ronda

O sino da igrejinha fêz belém-blem-blom,
É meia-noite, o galo já cantou,
Seu Tranca-Ruas que é o dono da gira,
Que corre gira que Ogum mandou!

A minha pai assobiou lá nas matas,
E mandou me chamá   (bis)
É no paranga é, é no paranga é,
Seu Tranca-Ruas de Quimbanda,
É no paranga é, é no paranga é, é, é,
A minha pai assobiou lá nas matas,
E me mandou chamá: (bis)
É no parango é, é no parango é,
Minha fundanga já queimou,
E meu "uti" já vou bebê!

Pontos de Exu Omulu

Oxalá, meu pai,
Tem pena de nós, tem dó,

A volta do mundo é grande
Mas seu poder ainda é maior!

Terêrê-terêrê Omulu,
Egô, egô, Omulu,
É de pemba Omulu,
É de paz Omulu,
Terêrê-terêrê Omulu,
Egô, egô, Omulu!

Oi saravá, saravá!
O Rei Omulu vai chegar,
Ele é Rei, é Rei na Quimbanda,
É o maioral!   (bis)

Dê, dé, é dá, é dé,
Ora dança Omulu
É dé é dá!
Na vila nova tem caiaia,

Aué na vila nova,
Vila nova de murumbá,
Aué, na vila nova!   (bis)
Ai cangira Mugongô,

Cangira Mugongô,
É de Caçanguai, auê!   (bis)
João Pepé, oh don Luanda!
João Pepé é de Aruanda!   (bis)

Ponto de Exu Veludo

Comigo ninguém pode,
Mas eu pode com tudo.
Na minha encruzilhada,
Eu é Exu Veludo!

Ponto de Exu da Meia-Noite

Exu da Meia-Noite,
Exu da encruzilhada,

Salve o povo de aruanda,
Sem Exu não se faz nada!

Ponto de Exu Curado

Em Terreiro de Umbanda,
Exu vem saravá,
Si Preto-Véio é dotô,
Eu é Exu Curado!   (bis)
Estava curiando na encruza,
 Quando a banda me chamô,
Exu no Terreiro é Rei,
a encruza ele é dotô!

Ponto de Exu Mirim

Ó meu senhor das armas,
Não faça pouco de mim!
Eu é tão pequenino,
Eu é Exu Mirim!

Ponto de Exu Tatá Caveira

Ancorou, ancorou na calunga,
Olha que eu sou Caveira
Oh Calunga!
Ancorou, ancorou na calunga,
Olha que eu sou João Caveira
Oh Calunga!

Ponto de Exu Caveira

Quando vou ao cemitério,
Peço licença p'ra entrar,
Bato com o pé esquerdo,
P'ra depois eu saravá!

Eu saravo Omulu,
E seu Caveira também,
Assim faço a obrigação,
Para os filhos do Além!

Ponto de Exu Malê

Olha ganga com ganga amalécou,
Olha ganga com ganga amalécou!   (bis)

Ponto de Exu das 7 Encruzilhadas

O meu senhor das armas,
Diz que eu não vale nada:
Oia lá que eu é Exu,
Exu das 7 Encruzinhada!

Ponto de Exu Mangueira

O sino da igreja,
Faz belém-blem-blão,
Exu na encruzilhada,
É Rei, é capitão!

Ponto de Exu Serapião

Ó meu senhor das armas,
Não me diga que não!
Eu é preto feiticeiro,
Eu chamá Serapião!

Ponto de Exu dos Ventos

Sopra toda a noite,
Venta todo o dia,
Eu é Exu Vento,
Tatá Sete Ventania!

Ponto de Exu da Praia (do Lodo ou Maré)

Na beira da praia
Deram um grito de guerra,
Escutai cá na terra!
O que é, o que é?
É o povo Quimbandeiro,
Quem vem lá do lôdo,
Exu Maré, Exu Maré!

Ponto de Exu Pagão

Ó meu senhor das armas,
Não me diga que não!
Eu é Exu,
Eu é Exu Pagão!

Ponto para todos os Exus

Eu vi Mestre Carlos,
No reino Caindé,
Conversando com bimbá,
O Rei da guiné! (bis)

Eu fui no mato, oh ganga!
Cortar cipó, oh ganga!
Eu vi um bicho, oh ganga!
De um olho só, oh ganga!

Ponto de Coquinho do Inferno

Coquinho do Inferno,
Arrebenta mirombo,
São da Linha de Congo,
São calunga de Quilombo!

Ponto de Calunga

Eu tô te chamando, ó Calunga!
P'ra você vim trabalhar.
Quando eu te vejo, ó Calunga!
Vejo também a Sereia do Mar.
Eu tô te chamando, ó Calunga!
P'ra você vim trabalhar.
Quando eu te vejo, ó Calunga!
Vejo também a Sereia do Mar.
Eu tô te chamando, ó Calunga!
Chega também a Sereia do Mar!

Ponto de Chico Preto

Todo mundo qué, qué, qué, qué,
Chico Preto Quimbandeiro

Do povo da Guiné.
Oia, todo mundo qué, qué, qué, qué,
Chico Preto feiticeiro,
Do povo da Guiné!

Ponto de Exu Tiriri

Ó meu senhor das armas
Me diga quem vem aí!
Eu é Exu,
Exu Tiriri!

Ponto de Exu Brasa

Ó meu senhor das armas,
Só voa quem tem asa!
Eu me chama Exu,
Eu é Exu Brasa!

Ponto de Exu Pimenta

Todo mundo qué,
Mas só Umbanda é que agüenta,
Chega, chega no Terreiro,
Chega, chega Exu Pimenta!

Ponto de Exu Sete Poeiras

Quando bateu meia-noite,
Que o galo cocuricou, ou!
Na virada lá na serra,
Sete Poeiras Chegou, ou!

Ponto de Exu Sete Montanhas

No alto das Sete Serras,
Eu botou minha campanha,
Sarava Exu!
Chegou Sete Montanhas!

Ponto de Exu Carangola

Ó meu senhor das armas,
Eu é fio de Angola!
Eu é Exu,
Exu Carangola!

Ponto de Exu Marabá

Eu taí, eu taí,
Quem foi que chamô?
Eu é Exu,
Exu Marabô!

Ponto de Exu Arranca-Toco

Ó meu senhor das armas,
De mim não faça pôco!
Eu é Exu,
Exu Arranca-Toco!

Ponto de Exu Quebra-Galho

Ouvi um ruído na mata,
Não sei o que será!
P'ra mim é o Quebra-Galho,
Que veio trabaiá!

Ponto de Exu Tronqueira

A estrada estava fechada,
Fui ver o que tinha lá,
Estava o Exu Tronqueira,
Guardando tudo por lá!

Ponto de Exu Sete Cruzes

Exu das Sete Cruzes,
Das Sete Cruzes ele é,
Carrega as Sete Cruzes,
P'ro Compadre Lúcifer!

Ponto de Exu Gira Mundo

Eu quero vê corrê
Quero vê balanciá,
Chegou Exu Gira Mundo,
Que vem na Umbanda trabaiá!

Ponto de Exu das Matas

Estava perdido na mata,
Na mata fui encontrado,
O caminho foi aberto,
Pelo Exu das Matas.

Ponto de Exu das 7 Pedras

Peguei na ponta do lápis,
Comecei a rabiscar,
Sete Pedras estava junto,
E veio me ensinar.

Ponto de Exu Morcego

Estava amanhecendo,
Vi um morcego no ar,
Pedi a proteção,
De nosso Pai Oxalá.

Ponto de Exu 7 Portas

A porta estava fechada,
Não sabia como abrir,
Pedi ao Exu 7 Portas,
Que abrisse para mim.

Ponto de Exu Sombra (ou das 7 Sombras)

Havia um formigueiro,
Fui ver quem estava lá,
Vi Exu das 7 Sombras,
E pedi p'ra me ajudar.

Ponto de Exu Tranca-Tudo

Bacanal, oi bacanal,
Não vivo sem você,
Vou pedi Exu Tranca-Tudo,
Para me favorecê.

Ponto de Exu da Pedra Negra

Não sei o que faço,
Não sei o que resolver,
Estou desesperado,
Estou para morrer.

Exu da Pedra Negra,
Vem me ajudar,
Faz entrar dinheiro,
Para me salvar!

Ponto de Exu da Capa Preta

Com faca de dois gumes,
Não convém brincar,
Exu da Capa Preta,
Vamos respeitar.

Ponto de Exu Marabá

Ele provoca sono,
Ele pode matar,
É Exu Marabá,
Que veio trabaiá.

Ponto de Exu Arranca-Toco

Quando eu piso em gaio seco,
Curimbando lá nas matas,
Meu trabaio não é pôco,
O meu chefe é maiorá.
Sou Exu na minha gira,
O meu nome é Arranca-Toco.

Epílogo

Procurei relatar com detalhes todo o meu processo de conhecimento da nossa querida Umbanda; tudo o que aprendi em dois decênios esforcei-me por transmitir aos prezados irmãos e amigos leitores, interessados na nossa religião. Fiz o que estava ao meu alcance em favor da expansão religiosa, porquanto acredito que o povo precisa de maiores conhecimentos de tão importante assunto, a fim de aprender a separar o joio do trigo.

No desejo de bem informar, consultei mais de cinqüenta obras de escritores abalizados no assunto, aos quais muito agradeço pela valiosa colaboração. É de grande importância que os filhos de corrente procurem estudar nos mínimos detalhes, os assuntos concernentes à religião, a fim de poderem sempre presta bons serviços, lançando luzes nas trevas da ignorância.

Custa-me a crer que esteja chegando ao fim deste trabalho! Tudo o que espero é que este produto do meu esforço seja de grande proveito para os meus caros irmãos de fé e amigos leitores. Tudo o que fiz, foi para a grandeza da nossa querida Umbanda. Tudo o que escrevi foi com o propósito de apresentar a verdade, somente a verdade, e despertar em todos o desejo e aprender sempre mais a respeito de coisas que, realmente, têm importância para a felicidade do ser humano. Procurei produzir algo de valioso e de proveito para o meu semelhante, pois sei que somente praticando o bem é que podemos contar com o apoio das entidades do astral.

Sei que serei alvo de críticas, porquanto propuz-me a tratar de um assunto difícil e melindroso, capaz, portanto, de suscitar polêmicas. Sinto muito se, ao dizer, a verdade, cheguei a ferir a alguém, mas é preciso que se atente para o fato de que, se alguém se sentir ofendido, não terá sido por mim, mas sim, pela verdade por mim exposta. Estarei inteiramente aberto às críticas, contando, porém, receber somente críticas construtivas, a bem da verdade e do progresso da nossa multi-querida Umbanda.

É com grande emoção que chego ao final deste livro, produto de grande esforço, o qual lembro não como uma queixa, mas com grande alegria pela vitória alcançada.

Entrego assim este trabalho aos prezados irmãos e amigos leitores, pensando já em ter o privilégio de receber outra missão de Deus, para poder sempre prestar bons serviços e receber as bênçãos do astral e elevar-me espiritualmente.

Aproveito esta oportunidade para saravar a todas as entidades que me assistiram na feitura desta obra, bem como a todas as entidades da nossa gloriosa Umbanda, da Quimbanda e da Quiumbanda.

> Salve o Pai Oxalá!
> Salve a gloriosa Umbanda.
> Salve a Quimbanda e a Quiumbanda!
> Salve todas as Pombas-Giras!
> Salve a Sua Majestade, o Rei de todos os Exus!
> Salve a todas as entidades do astral!
> Saravá! Saravá! Saravá!

BIBLIOGRAFIA

Para a elaboração deste trabalho, foram consultadas as seguintes obras, que serviram como fontes de informações:

O LIVRO DOS EXUS — Antônio Alves Teixeira (neto)
2000 PONTOS CANTADOS E RISCADOS NA UMBANDA
UMBANDA DOS PRETOS-VELHOS — Antônio Alves Teixeira (neto)
BABALAÔS E IALORIXÁS — Decelso
BANHOS DE DESCARGA E AMACÍS
POMBA GIRA — Antônio Alves Teixeira (neto)
O ERÓ (Segredo) DA UMBANDA — Tancredo da Silva Pinto
DESPACHOS E OFERENDAS NA UMBANDA — Antônio Alves Teixeira (neto)
COMIDAS DE SANTO E OFERENDAS — José Ribeiro
COMO DESMANCHAR TRABALHOS DE QUIMBANDA — Antônio Alves Teixeira (neto)

Este livro foi impresso em setembro de 2019, na Imos Gráfica, no Rio de Janeiro.
O papel de miolo é o offset 75g/m², e o de capa cartão 250g/m².